琅琊墨韵

朱捷 著

琅琊墨韵

# 王羲之家族传



華中科技大學出版社
http://www.hustp.com
中国·武汉

图书在版编目（CIP）数据

琅琊墨韵：王羲之家族传 / 朱捷著. —武汉：华中科技大学出版社，2019.2（2020.6重印）

ISBN 978-7-5680-3782-2

Ⅰ. ①琅… Ⅱ. ①朱… Ⅲ. ①王羲之（321-379）—家族—研究 Ⅳ. ①K820.9

中国版本图书馆CIP数据核字（2018）第301768号

琅琊墨韵：王羲之家族传
Langya Moyun: Wang Xizhi Jiazu Zhuan

朱　捷　著

策划编辑：张　丛
责任编辑：张　丛
责任校对：曾　婷
封面设计：四方工作室
责任监印：朱　玢
出版发行：华中科技大学出版社（中国·武汉）　电话：（027）81321913
武汉市东湖新技术开发区华工科技园　邮编：430223
印　　刷：日照教科印刷有限公司
开　　本：710mm × 1000mm　1/16
印　　张：14
字　　数：166千字
版　　次：2020年6月第1版第2次印刷
定　　价：38.00元

# 前　言

中国的文字可谓是世界上最美的文字，从秦朝统一文字起，它仿佛有了自己的生命，一边启迪教育着后人，一边演变成长。

书法艺术就是汉字诞生的生命。假如没有汉字，中华灿烂的文化恐怕要逊色不少。

翻开历史这幅长河画卷，你会发现一个有趣的现象，中华大地古代的名人都是在生前就已经放射出耀眼的光芒，不仅在自己喜欢的领域独具创新，而且大多学而优则仕，用自己的力量为世人发挥自己的光和热。这点不像凡·高，生前默默无闻，去世若干年后才光芒万丈。西方的特立独行的艺术家总是走在时代的前面，人们只能等时光的车轮把后来的人们载到天才作品面前，才能了解这领先他们眼界、超越当时文化的作品。

中国的书法文化内敛而又不失容纳，古朴中透着秀丽，婉约中心怀豪迈。每个中国人骨子里的中庸文化可以用一个词概括——阴阳。再观书法历史上的名帖、名碑、字迹，莫不是阴阳向背，浓淡枯涩瑞泽，飞白秀丽。今人学习书法，总是问同一个问题："书法美在哪？"

我相信不同的人会有不同的答案，一千个人读哈姆雷特，就会有一千个哈姆雷特的形象，有多少本《红楼梦》，就会有多少个林黛玉。

美只可意会不可言传。人们喜爱书法就像爱一件美丽的事物。人们看到美的东西总是会注目观望，身心愉悦。你看王羲之的《兰亭序》会有说不出的震撼，那种震撼、那种视线跟着笔画的跳动的愉悦感就是书法的美；你临摹字帖，那种手中毛笔尖的墨汁在纸上静静地流淌就是书法的美，所以有人感叹中国的书法被称作“灵魂的舞蹈”。

也唯有中国汉字才能体现书法艺术的美。在中国历史上鲜有人能像王羲之的书法那样受历代皇帝推崇备至。“二王”就像是书法历史上的两颗耀眼璀璨的金星。“二王”不仅仅是书法史上的一个简单的加引号的名词，更代表书法历史上厚重的积淀，无法企及的高度。所以，历史上才有晋书唐诗宋词的美誉，而今诗词鲜作，而书艺历久弥新，在现在仍然焕发着勃勃生机。

王羲之出生的时候正是历史上有名的“八王之乱”。其父亲也在战乱中莫名失踪。纵观整个西晋王朝，除了建国皇帝司马炎时期的稳定时局，其后的二十余年全是动乱的战争，最后导致五胡乱华，西晋灭亡。

王羲之画像

王羲之的前三十年几乎就是在书法的时光里度过的，他不是没有抱负，不是没有自己的政治追求，只是出生在琅琊王氏的士族大家庭里，比下层庶族的官途更险恶。

今天我们只知道“王右军”这个称号，却难以发现他这称号背后的家族心酸史。

王羲之有一女七子，每个人在历史上都是浓墨重彩的一页，甚至整本《世说新语》可以说有超过一半篇幅都是王羲之家族的传奇。

王献之出生的时候东晋王朝也要走入历史的尘埃，当你面前有让你敬仰的书法前辈，你要超越他，而他又是你的父亲，这种双重的压力让王献之在历史上获得了不平等的地位，太宗皇帝的一句“不喜”致使王献之差点被淹没在茫茫书海。但是，这些都不能阻挡人们对王献之的热爱，欧阳询、张旭、怀素、米芾、苏轼、赵孟頫等等都是学习他的直抒胸臆，笔墨酣畅的境界。

历史总是前人所为，然后由后人评说。本书中，王羲之家族的每个人都是那个时代的翘楚代表，我自活出真性情，不闻世间毁誉声。

此书只是一家之言，借助书圣王羲之、王献之的美名，为王羲之这个家族写下一家传记。不足之处望方家海涵。因为关于二王的生平从古至今都未有定论，且差异较大，加上史学资料的不足以及出土文物的解读矛盾，单是王羲之的生平就有三四个版本，更不用说他的葬身之地历来就鲜有定论。当然其中不乏作者才疏学浅，所知甚少，鉴于此，大家只需关注王氏一家的发展历程，生死两地的定论还是寄托在历史学家和考古学家去工作吧。

朱捷书于长春

*2017年5月*

# 目 录
CONTENTS

第九章
## 短暂隐退



第十章
## 政治生涯



第十一章
## 北伐噩梦



第十二章
## 千古兰亭



第十三章
## 丹药 白鹅

# 第一章

# 琅　琊　王

# 一、琅琊王氏的由来

富有才华的王羲之与我们现在的莘莘学子一样，饱读诗书，却入士无门。在当时，像他一般年纪的士族子弟十四岁之后就承袭祖上爵位或功德，登堂入室开始了宦游生涯，步步高升了。

当时的做官制度延续魏国的九品中正制度，选拔官员采用察举孝廉，由全国各州县刺史提名有声望的人才，比如楷书鼻祖钟繇，卧冰求鲤的琅琊王氏王祥等都是从民间一步一个脚印走上去的。

而王羲之年过二十三时才经过自己的岳父举荐，步入仕途，任职六品秘书郎，掌管图书经籍。这是个闲置官员，而且士族子弟大多以此作为出身之官，跟同时代士族子弟相比，他不仅出道晚，官职上也是相对较低，这与至今都未解决的一桩悬案有关，这件事情就是王羲之生父的失踪案。琅琊王氏的子弟做官本可平步青云，但是王羲之的父亲所率将士在一次战役中全军覆没，他这个主帅也是生死未卜。这也成了王羲之前半生最大的心病，来自朝廷的沉默也让王羲之一家明白一个道理：人走茶凉。

我们想弄明白这件事情的来龙去脉还得从琅琊王氏的起源说起。

史书记载，王羲之出生在琅琊王氏这一大士族家庭，那琅琊王氏究竟是个什么样的家族呢？两晋士族甲天下，东晋“王与马共天下”又是怎样形成的?

琅琊本是地名，在今山东、安徽一带，是盛唐诗仙李白旅居山东时写下千古名句“黄河之水天上来，奔流到海不复回”的必经之地，黄河之水流经的最后一个省就是山东省，大河日夜奔流不息，滚动翻腾的黄河水承载一代又一代中华儿女的欢喜忧愁。自黄河往南几百里，曲阜之南，有一片山区，山间芳草优美，被称为琅琊郡国。而当时的西晋开国皇帝学习西周大搞分封，众多司马王族纷纷入驻各郡国，西晋司马睿就被分封为琅琊郡主。

琅琊王司马睿，字景文，也就是东晋的第一个皇帝。司马睿是三国后期司马懿的曾孙，琅琊武王司马伷之孙，琅琊恭王司马觐之子，晋武帝司马炎从子。可以说，如果不是西晋末期的战乱，司马睿没有登基称帝的机会。

司马睿于公元290年袭封琅琊王。后来西晋爆发八王之乱，各个诸侯王为争皇位打得天翻地覆，导致亡国。当时弱小的司马睿也曾经参与讨伐成都王司马颖的战役，他本想从中分一杯羹，但是由于作战失利，只好离开洛阳，回到封国。随后，司马睿的顶头上司司马越成了八王之乱最后的胜利者，司马越扶植的傀儡皇帝晋怀帝司马炽即位后，加封司马睿为安东将军、都督扬州诸军事，统辖江东流域。从此琅琊王司马睿站稳了脚跟。

# 二、兄弟孝悌

整个琅琊王氏的兴起不得不说的一个女人就是王祥、王览的母亲。这个女人对于王祥而言是后母，王祥的母亲薛氏去世早，父亲王融续弦朱氏，生下同父异母的弟弟王览。因为这位继母，诞生了中国历史上二十四孝中的两位大孝子：一位是卧冰求鲤的王祥，一位是王览友悌。在今天山东省临沂市兰山区的白沙埠镇，有一个有名的孝友村，王祥就出生在那里。父亲王融在乱世拒绝来自朝廷的任何任命，未曾进入仕途，所以生活过得相当拮据。王祥在十多岁的年纪，继母生下了他同父异母的弟弟王览。

有一年寒冬腊月，大地一片苍茫，山峰白头，河川冰封，继母朱氏生下王览，苦于没有多少奶水喂养孩子，想要吃鲤鱼汤发奶。王祥失去父亲了，只能与继母相依为命。他看着嗷嗷待哺的弟弟，听着继母朱氏言语间的嫌弃之意，王祥听懂了继母的意思，也看懂了继母的脸色，他明白：要为母亲去河里捉条鱼给弟弟下奶。

时令寒冬，琅琊郡的温度也达到零下十几摄氏度，河面上结了厚厚的冰，王祥站在冰面上，想到父亲不在了，最亲的人就是自己的弟弟，继母对自己怎样都得忍着，作为哥哥，他要把鱼抓到。

史书上记载：王祥脱下长衫，卧在冰面上融化冰，感动上天，鲤鱼自己跳了出来。据推测，王祥最后抓到鱼是真的，应该是王祥凿冰取鱼，而不是脱光衣服躺在冰面上，感动上天。王祥后来成为西晋三公之一，不可能是个没头脑的人，后人仰慕王祥，故意将其神话。东汉王朝为官的一个途径就是“举孝廉”。父亲过世早，王祥这一脉六亲无靠，唯有用自己的孝心之举来进入仕途。事情的真相应该是王祥凿冰时热了脱下长衫，赤着上身抓鱼，路人看到了脱光膀子的王祥，一面同情王祥，一面宣传这个来自民间的美德。道德风气有时比法律更让人自律，百姓可能不认识“众口铄金”四个字，可这四个字的含义任何人都能理解。

继母朱氏在民间传说上被描述成了心狠手辣的角色，不仅虐待王祥，而且连王祥的妻子一并虐待。待小弟弟王览长大些，天性善良的他处处维护哥哥。继母铁了心想要弄死深沉隐忍的王祥，苦活重活都让王祥做，傻弟弟也跟着哥哥去做。继母发现王祥在民间的名声越来越好，想到自己的儿子更难出头，于是准备用毒酒毒害王祥，没想到却被自己的儿子王览发现。继母朱氏终于被这兄弟俩感动，自此改变了态度。

东汉末年董卓霸权，天下大乱，历史进入三国时代。王祥扶持着朱氏，带着弟弟王览到庐江避乱，隐居二十多年，不受州郡的征召。他们的母亲朱氏去世时，王祥由于过分悲痛而致病，要扶拐杖才能起身。朝廷屡次征召他们为官，王祥都以为母亲守孝为名推辞不就。

后来，名士吕虔出任徐州刺史，不久便召王祥任徐州别驾，他坚决辞让不到任。经王览劝说，并为他准备了一辆破旧的牛车，王祥才应召。王祥到任后，政绩斐然。当时盗寇四处横行，王祥率领士兵，讨伐盗寇，将其一一击破，州内因而清静无事，政令教化也推行无阻。当时百姓编歌唱道：“海沂之康，实赖王祥。邦国不空，别驾之功。”

传说，提拔王祥的官员吕虔有一把佩刀，工匠推算：拥有此刀的人一定会登上三公之位。吕虔对王祥说：“我不是可以做三公的人，这刀对我来说指不定还有害。而你有公辅的器量，此刀送给你。”王祥坚决推辞，吕虔强迫他才接受。王祥临终前，又把这把刀给其弟王览，说："你的后代一定兴盛，足以配此刀。"果然，王览的六房后代之中多贤才，在东晋时期尤为兴盛。难道是一把刀带起一个兴旺的家族？其实，不过是王祥积攒一生的功德都用来扶植他这个弟弟罢了。弟弟王览在王祥的庇护下官职做到光禄大夫。

王祥出任过大司农、光禄勋、司隶校尉、太常、太保等职，享年八十五岁，留下一纸《临终遗训》。

夫生之有死，自然之理。吾年八十有五，启手何恨？不有遗言，使尔无述。

吾生值季末，登庸历试，无毗佐之勋，没无以报。

气绝但洗手足，不烦沐浴，勿缠尸，皆浣故衣，随时所服。所赐山玄玉佩、卫氏玉决、绶笥皆勿以敛。西芒上土自坚贞，勿用甓石，勿起坟垄。穿深二丈，椁取容棺。勿作前堂，布几筵，置书箱镜奁之具，棺前但可施床榻而已。糒脯各一盘，玄酒一杯，为朝夕典。家人大小不须送丧，大小祥乃设特牲。无违余命！

高柴泣血三年，夫子谓之愚。闵子除丧出见，援琴切切而哀，仲尼谓之孝。故哭泣之哀，日月降杀；饮食之宜，自有制度。

夫言行可覆，信之至也；推美引过，德之至也；扬名显亲，孝之至也；兄弟怡怡，宗族欣欣，悌之至也；临财莫过乎让。此五者立身之本。

颜子所以为"命"，未之思也。夫何远之有！

王祥作为"书圣"王羲之五世祖王览的同父异母兄，留下的《临终遗训》中提到做人之本的"信、德、孝、悌、让"，让王氏家族在此后三百年里延续。他对儿女们的要求感人至深，但唯独没有提到"忠"。三国群雄割据，诸侯并起，乱世时期，朝代更迭让王祥为了家族的传承抛弃了这个愚忠的"忠"。忠于某个朝廷不是长久之计，所以鲜有王氏家族的人能为了亡国的朝廷捐躯，倒不是说他们不忠于国家，而是王祥的确有先见之明，自三国之后的数百年里，分裂的大局面历经两晋南北朝，直到隋朝才统一。如果一味地忠于某个朝廷并励志复国的话将会是一件很悲哀的事情，而且自古以来中国得以发展下去，背后莫不是有家族在国难当头时审时度势地帮助新皇帝开国，造福一方百姓。

王祥的弟弟王览秉承着哥哥的遗训做事做人，王览的后代在东晋发展成琅琊王氏一脉。王览有六子，长子王裁，生东晋名相王导；二儿子王基，生大将军王敦；四子王正，生王旷、王廙、王彬。王旷育有两子，一位是王籍之，一位是王羲之。

其中，王导作为东晋的开国丞相，稳定孱弱的东晋皇室，功勋卓著；大将军王敦前期征战四方，稳定局势；王廙是东晋著名书法家、画家、文学家、音乐家，是晋元帝司马睿的姨弟、“书圣”王羲之的叔父，是王羲之幼时的书法启蒙恩师之一。王览这一支王氏后人果然应了吕虔佩刀之预测，一门出众多豪杰，文人将才尽有。

自此，一个大家族在动乱的时代登上了东晋历史的舞台，王氏家族在此后的三百年里，人才辈出。

# 三、战乱合一

西晋自开国以来，政治黑暗不说，皇帝司马炎带领臣子与石崇斗富，而后贾皇后干涉朝政，国家陷入八王之乱之中。战争不断，人命如同草芥，朝不保夕，官员们眼看着国破家亡，儒家定国安邦的入世之风在两晋的动乱中名存实亡，人们转而探索生与死，有与无的存在意义，而老庄清静无为的玄学思想开始进入人们视线，玄学之风兴起。西晋的士大夫崇尚清谈，不再关注国计民生，追求个人享乐，从上到下一片攀比富贵之风，西晋焉有不亡之理！

当时的琅琊王氏中宗亲王衍有政治野心，在八王之乱中与势单力薄的司马越合作，琅琊王司马睿依附王导、王敦、王旷等人蓄势待发，坐镇江东。从此琅琊王氏与琅琊王合二为一登上历史的舞台。

西晋灭亡后，司马睿在王羲之父亲王旷的建议下前往建康，此后在王导的帮助下极力结交江东大族。琅琊王司马睿后来南渡建康，当时众多北方士族也南渡，族人成千上万，牛羊马匹数不胜数，史书上记载南渡之人有90多万，浩浩荡荡。北方大量郡县沦陷后，到处尸骨满地，哀鸿遍野，大量汉人流离失所，家破人亡。流落的汉人成了流民，归附于南渡的士族。这件事情为司马睿建立东晋王朝打下了良好的基础。

琅琊王司马睿先是于八王之乱中听命于司马越，后又借助琅琊王氏王衍起兵讨伐司马越，实则谋求自己的权益。同时司马睿与王导有亲，借助王导一脉用兵江东，听命于司马越调遣。后来王导之弟王敦大权独揽，为了称霸皇权，王敦以诛刘隗“清君侧”为名进攻建康，击败朝廷的军队。后来，王敦自任丞相，诛杀周顗等人，并在外遥控朝廷。司马睿忧愤染病，虽然能成为东晋的开国皇帝，但势单力薄的他没有军队，自身也没有身为皇帝的威严手段，一生在权臣的夹缝中生存。可以说，对司马睿而言，成也琅琊王，败也琅琊王。一生走不出琅琊王氏的阴影，做着受制于人的皇帝。

王羲之就生活在这样一个大家族里，世家大族给他带来的不是数不尽的荣华富贵，而是政治阴云。家族濒临灭族的危险，儿时父亲的离奇失踪，这些阴影一直笼罩在王羲之的心头。纵观王羲之的从政之路，他并未依靠琅琊王氏带给他的荣耀入仕途，他的为官之路曲折离奇。

王氏家族中，只有王羲之不是依靠家族的政治势力走上从政之路，而是由自己的岳父郗鉴举荐、庾亮推荐，后期殷浩的任用，才最后做到右军将军，会稽内史。

王羲之的仕途可以说是充满险恶艰辛。虽然王羲之受到王导、王敦等人的器重，但是王敦也只是口头上夸奖说：“汝是吾家佳子第，当不减阮主簿。”但是他从未从堂伯父王敦那里取得一官半职。王导为政宽厚却小心眼，王羲之多次推掉王导的引荐，因为他看到了权力的疯涨导致的纲常乱纪，人心不古。最重要的是，王羲之后期在会稽郡颁布的禁酒令更是触怒了他们的利益，最后王羲之发誓不再为官，隐居以独善其身。

琅琊王氏王旷，字世弘，琅琊人，是两晋时期的书法家，擅长隶书、行书。他是文职官员，西晋末年，先任淮南内史，后改任丹阳太守。他的父亲王正，是王览的第四个儿子。王正在西晋任尚书郎官职，有子三人，长子王旷、次子王廙、三子王彬。相比于王廙的书画双绝，王彬为官的刚正不阿，长子王旷的为官生涯走得不是特别顺利。他还未在书艺上博得一个好名声就因为混战而销声匿迹，他的人生扑朔迷离。王览长子王裁生子王导，后来在东晋呼风唤雨；次子王基生子王敦，后来成为称霸一方的大将军。相比之下，王旷可以说是混得相当不给力，他唯一留下的功绩就是建议琅琊王在乱世之局南下迁移。

公元300年，渡江后的王旷一家并没有入住建康，而是落户在无锡，当时的晋灵郡。这是王旷在淮南内史为一家老小安置的房产。琅琊王氏中王旷一脉就临时住在这里，其他王姓族人落户建康乌衣巷。可是，没等到王羲之一家搬去乌衣巷，父亲王旷就自此消失在王羲之的生活里。

直到中年，王羲之才从建安迎回父亲的棺椁，这长达三十年的分离，王旷究竟经历什么，我们还得从司马睿说起。

# 第二章

# 千古之谜王旷

# 一、浑水摸鱼的司马睿

江东司马睿在八王之乱中兵败邺城，后逃往洛邑，不久太妃夏侯氏病逝琅琊，司马睿以奔丧为名，回到封地，算是远离残酷的斗争。离开洛阳的司马睿犹如被放飞的笼中鸟，他意识到自己要想在天地间生存下去，得有实力。

虽然当权的司马越加封司马睿为镇东大将军，但此时的司马睿看清了当朝局势。东海王司马越只是把司马睿当成他脚下的一枚棋子，八王死的死，亡的亡，如今司马越扶植傀儡皇帝司马炽，自己独揽大权。司马越此人嫉贤妒能，不可与之同朝为官，司马睿唯有积攒实力以静制动。可是自己手里能调动的军队在八王之乱中几乎被消耗殆尽，唯有依靠世族的力量才可以争到一席之位。琅琊王氏中由王导、王敦领导的武装力量与自己交好。琅琊王氏想要出人头地，合作是唯一的出路。

魏晋的特有军队编制叫部曲。东汉末年，群雄并起，袁、曹两家在北方对抗，连年的征战让世族大家不得不拥有家兵。黄巾之乱后，许多战乱的流民只能依靠世族大姓自保，一方面可以从事农耕，另一方面流民中的壮丁与世族的宾客、子弟、门生、故吏编为自卫性质的军队，称为部曲，也称家兵。作战时是部曲，平时从事农耕屯垦。这就让世族有了参与政治的资本。

比如东晋的王、庾、桓、谢四大家族纷纷依靠武力登上历史舞台。眼下司马睿无兵无将只能寄希望于琅琊王氏。

八王之乱，西晋的军事力量几乎被消耗殆尽，等到司马睿建立东晋，只能沦落到依靠王导、王敦的宗室部曲东征西战。军权在战乱时比皇权更有话语权。寄人篱下的司马睿也只能走一步看一步了。

所以，东晋建国后，司马睿只是个挂名的皇帝，王氏家族拥护他南渡称帝，民谚曰“王与马，共天下。”对于一个帝王来说，这句话就像一个响亮的耳光打在自己脸上，皇位与天下又怎可以与他人共享？虽然自己与王氏沾亲带故，但在坐拥天下的诱惑面前，谁又能没有异心呢？这就像司马睿心中的一根刺，不除掉它，自己这个皇帝会做得窝囊。司马睿深知王敦有虎狼之心，刚开始合作时就不怎么待见自己，建国后更是一心独揽朝政，在平定流民叛乱后越发不可收拾。司马睿执意夺回兵权，可是自己手中没有兵权。稳定江南后，司马睿任命刁协、刘隗为心腹，有意疏远王导。这就为王敦之后的反叛埋下了仇恨的种子。王敦曾经打算废掉司马睿，而去扶植更弱小的皇帝，学董卓“挟天子以令诸侯”。

王羲之出生的这年正是西晋八王之乱打得火热的时候，左边的长安、洛阳已经战火连天，匈奴人趁机混战其中，直接导致刘渊称帝。司马越与王衍的政治生涯走到顶峰。

此时临沂都乡王氏家族诞生了一名男婴，男婴的曾祖王祥、王览曾在此地留下孝悌美名，高门大院，青砖红瓦，时令正是农历七月十一。房外绿柳依依，蝉鸣不已，几十名奴婢出出入入，夫人顺利地生下一名男婴，院子里一旁乖巧的男孩也是翘首以盼，八岁的王籍之心里充满了期待，他开心地迎接自己的弟弟。王氏家族又添一个男丁，父亲王旷当然非常高兴，可是他一想到时局动乱，战争不断，心里既忐忑又兴奋。为了王氏一脉，自己应该做点什么？看着大哥王裁混得风生水起，王旷也想做一番事业。琅琊王司马睿与王导、王敦是族亲，王旷与司马睿是姨表亲，他必须为自己的孩子谋划一下了。北方动荡，朝廷内乱，此地不宜久留，需另做他图。王旷把目光投向了稳定富饶的江南吴国旧地。

# 二、败仗失踪的王旷

相比于王裁那一支，王氏族人到王旷这一代是较弱的。大伯家王导有宰相之志，二伯家浑小子王敦掌握武力，王旷之弟王廙官拜尚书郎，出任濮阳太守。王旷在小儿子出生时刚好二十八岁，踌躇满志，又与司马睿为表亲，志在四方，一心振兴门楣，光宗耀祖。在王羲之三岁时他任丹阳太守，两个月后右将军陈敏犯上作乱。王旷上任，无宗室部曲可用，后又与时任扬州刺史刘机弃城而逃。弃城归来的王旷被司马睿召入幕府担任参军。

几个月后，陈敏霸占江左，想要自立为王。当时假意投降的丹阳内史顾荣暗地里却联合征东大将军刘怀，司马睿派遣扬州刺史刘机领兵攻击向阳，讨伐陈敏。王旷也参与讨平陈敏之乱，一雪前耻。

在王羲之五岁时，王旷意气风发，联合众人消灭了陈敏，担任司马睿参军。参军一职初置时，是比较高级的临时职务，为主帅的副手或高级参谋。得到司马睿的信任，王旷开始为下一步做打算了。

王旷认为，北方早晚会沦陷，于是建议司马睿在消灭陈敏叛乱后举族南渡。在经过司马越与王衍等人同意后，王旷举族南迁。

在王羲之五岁时，公元307年，跟从司马睿南渡的士族有数十万之众，有北方士族大姓，有宾客、奴隶、流民。五岁的王羲之在母亲和哥哥的保护下，坐在马车里颠簸前行着。王羲之并不知道为什么要搬家，而且是整个琅琊郡全部搬迁。院子里的枣树被砍走，装了几十辆牛车；牛羊千头，数不尽的鸡、鸭、鹅、狗在黑压压的人群中乱飞乱叫。从哥哥口中，他得知南行的队伍越走人越多。王旷则与司马睿商量机密大事，幼小的王羲之只知道自己的家不再是出生的那个地方了。然而谁也想不到接下来便是王旷兵败失踪。

王旷一家落户晋陵县，而王导则落户乌衣巷。[①]

初来江南的王羲之看到满目的墨瓦白墙，翠竹林立，有河流过座座连成排的房子，这水透着一股灵气，宛如一幅幅水墨画在眼前展开。小城镇是有灵气的，白居易赞曰："江南好，风景旧曾谙，日出江花红胜火，春来江水绿如蓝。能不忆江南？"幼小的王羲之就随着父母和哥哥在此住了下来。

公元308年，王羲之6岁，父亲王旷33岁，出任淮南内史，不得不说司马睿真的非常信任王旷，不仅因为与王旷有亲，还因为王旷没多少坏心思，风流俊逸洒脱，不像王导一副伪善老好人的面孔，或者像王敦恃宠而骄。可是人在屋檐下，哪能不低头。此时的司马睿坐镇江左才发现自己根本没有什么威望。要文不如王家一门豪杰，要武不如司马越、王敦，此时的司马睿劝慰自己大丈夫要能屈能伸，要忍人所不能忍。

可是，人算不如天算，司马睿唯一交好的王旷出事了。公元309年，石勒率十余万人马进攻巨鹿、常山，当时的并州刺史刘琨急遣部将迎战，结果主将阵亡。而司马越正忙着排除异己，监督怀帝，无暇他顾。他想江左司马睿那小子倒是挺安逸，司马越"询问"时任太尉的王衍："刘琨兵败，石勒大军欲取国都洛阳，眼下洛阳城将少兵稀，太尉可知江左司马睿何人可用？"王衍听完此言，心里暗骂这个老狐狸按兵不动，以求自保。王氏一门辅佐司马王侯，幸好他有先见之明，任命王澄为荆州刺史，任命王敦为青州刺史，自己留在国都。眼下，王室衰微，异族崛起，老狐狸又要我王氏一脉

---

① 位于今天的江苏省南京市秦淮区，在夫子庙一带秦淮河上的文德桥南岸，是三国东吴时的禁军驻地。由于当时禁军身着黑色军服，故此地俗语称乌衣巷。

做马前卒、做挡箭牌，刘聪、石勒乃虎狼之师，王敦、王澄皆是不匹敌，王氏一脉王览一族举亲全部随着司马睿南渡，根基还在，其子王旷生性平和，在平定陈敏叛乱时有过战功，可以一用。

司马越二话不说，当即令王旷率淮南兵马前去并州救援，抗击刘渊。他完全不考虑远水解不了近渴的道理，而且千里奔袭是去救援还是去送死，司马越不会不明白，他要的不是什么胜利，而是拖延，是自己在洛阳的地位不可以有任何闪失。

得到信息的司马睿震惊不已，他明白司马越要利用自己的势力对抗石勒，而生性软弱的他竟毫无底气去拒绝。唯一的心腹王旷也被司马越与王衍调去前线。明知与送死无异，他却无可奈何。

王旷生性随遇而安，只是放心不下自己的两个孩子，长子王籍之生性淡薄，与世无争，次子王羲之天资聪慧，在书法上天赋奇佳。临行前他将枕头中的《笔论》交予妻子，并嘱托弟弟王廙在书法上多多教授王羲之。此时的王廙任安东将军。王廙工于书画，擅长音乐、射御、博弈、杂技，其书画被称为“江左第一”。生逢乱世，王旷能做的仅此而已，他只希望自己不要愧对先祖。

公元309年，农历七月，来不及为儿子庆祝七岁生日，王旷便踏上千里迢迢的救援之路。

王旷军长驱北上，逾太行山，至长平坂，千里奔袭、孤军深入。作为援军，王旷遇强敌刘聪众将，双方血战，将军施融、曹超战死，王旷不知所踪。从此正史中就再也没有记载过王旷这个人。王羲之的母亲深知从夫君出战的那一刻起，阴云就笼罩在这个家庭。王籍之为人随和内敛，幼小的王羲之第一次遇到家庭变故，在乌衣巷这个艳阳高照、绿柳成荫的地方，在这个炎热的蝉鸣夏季，王羲之感受到来自言语的寒冷之气，他沉默不语，知道父亲可能真的回不来了，父亲是战死了吗？

## 三、励志成学

每天夜里王羲之都泪流满面，从那时起他变得沉默寡言，不久之后又病倒了。他发高热，时不时地抽搐，母亲忧心如焚，请了多个郎中给王羲之看病。病好之后，王羲之还时不时地头疼，母亲开始求神拜佛，日夜为儿子诵经，只希望佛祖保佑自己的小儿子健康。

当王旷一家陷入悲痛之中，西晋朝野一方面将战败的责任推到王旷身上，一方面王衍利用家族的力量散布王旷生死不明的谣言。此外，王家淮南部曲的家属将败军之责也推到王旷身上。毕竟痛打落水狗的事情在大家族内部也不是新鲜事。

王羲之每次来到乌衣巷都会受到亲戚的冷嘲热讽。

王旷死后并未在东晋历史上留下多少记载。只是在野史中频频出现，一说是战败后被石勒俘虏，以此牵制东晋王家势力，而王导、司马睿等人俱不声张。这不足以为信，石勒虽然残暴但也懂得识才而用，他绝对会封赏王旷，可是史书上并未出现过王旷担任石勒建立的后赵官职。

另一种说法是王旷既没有战死，也没有投降，而是战败后被软禁在后胡地，辗转到了建安，并在建安与另外一名女子结婚，婚后有一女儿。

无论是哪种结局，王羲之再见其父已经是阴阳两隔。无论怎样，投身报国的王旷的政治生涯彻底断绝，史书上再没有他的记载，而且，王旷这一支琅琊王氏的后人在王旷死后变得势单力薄，王羲之的母亲带着王籍之和王羲之，倔强且坚强地活下去。

三十年后，王羲之在建安帖中写道：“四月五日羲之报，建安灵柩至，慈荫幽绝，垂卅年，永帷幕，痛彻五内，永酷奈何。无有言告，临纸摧哽。羲之报。阴阳两隔。”在永和二年，王羲之迎回父亲棺椁，将父、母、兄的灵柩迁葬会稽，不入王氏祖坟。王羲之这一行为意味着他彻底脱离王氏大家族，自成一脉。

王羲之五岁开始研习书法，遭遇家庭变故后，叔父王廙指点他学习。可王廙在大将军王敦手下任职，居家时间不长，无法给王羲之更好的教导。

王羲之的母亲看着自己的儿子每天跪在床榻前伏案练字，非常欣慰。王母发现王羲之走路时右手总是不停地在长袍上画来画去，刚开始以为王羲之的头痛病又犯了，担心地询问，王羲之的回答让王母震惊。他说每天练字之余自己都会再接着用手在长袍上模拟写字的状态，这样既可以钻研笔画，又可以用手代替毛笔保持着笔尖在纸上落笔的感觉。他一刻都不想浪费掉。王羲之只有在拿起毛笔的时候才感觉父亲其实并未离开自己，王羲之走到哪都会把父亲留给自己的《笔论》放在身边，有它在，父亲就仿佛站在身边教导自己，带着往日慈爱又严厉的目光。

王母知道小儿子在父亲生死不明的情况后，卯着一股劲，想在书法上延着他父亲的路继续走下去，于是王母为儿子引荐了一位新的书法老师——卫夫人。

卫夫人是王羲之的姨母。姨母卫烁，字茂漪，为汝阴太守李矩之妻，世称卫夫人。师承道士钟繇，尤善楷书。卫氏书家的个中翘楚，族祖卫瓘，官至西晋司空，录尚书事，与索靖俱擅草书，人称“一台二妙”。传世楷书八行在《淳化阁帖》，及书论《笔阵图》。世人说她得笔法于钟繇，熔钟、卫之法于一炉。

# 第三章

# 童　年

## 一、恩师授业

卫夫人与王羲之的母亲，这两位伟大的女性在王羲之的书艺路上付出了自己的心血。

卫夫人看了王羲之写的字后不禁感叹道：“此子字体老成，一定看过关于笔法的书籍。”卫夫人何出此言呢？在西晋，普通庶族是无从学艺的。魏晋时期左思的《三都赋》，在洛阳千金难求，不仅仅是因为他写得好，还因为麻纸还未批量生产，只有一些士族大家才愿意去挥霍，普通人家买不起，更别说用来练书法，有竹简就不错了。而且在士族之间不是想学书法就能学的，绝学不会轻易外传，谁家有字帖，更是视作珍宝。当年王导南渡，就把书法家钟繇的《宣示帖》缝在内衣上，视作贴身之物。

所以，卫夫人猜测那本《笔论》应该是蔡邕生前所述的那本，后来落到钟繇手中，没想到如今到了王旷手中，并传给了他的儿子。真像是命运在安排这一切，卫夫人师承钟繇，如今又要把笔法传授给拥有《笔论》的王羲之。一切都是巧合吗？在卫夫人看来，九岁的王羲之写的字给人以一种稳重的感觉，应该是特意模仿他人。他还不懂书法，刻意写的字不会给人以成熟的表现，反而会被嘲笑。不过，卫夫人并不着急教导眼前的这个孩子，她还有更重要的事情要做。

卫夫人喜欢自己的这位弟子，他将是卫夫人第一个、也是最后一位书法弟子。

卫夫人擅长钟繇小楷，后唐人评曰：线条清秀平和，娴雅婉丽。楷书在卫夫人的手中正由钟繇的扁平向长方之体演变。

第一次看见字可以写得像人一样美，王羲之真的被震撼到了。酷爱书法的王羲之一心想要写出那种妍美悦目的字体，只是王羲之发现卫夫人并未着急教他练字，而是给他讲了一位书法家学习书法的故事，一个改变他一生的故事。

东汉张芝，后世称之为“草圣”。他无心于仕途，只醉心于书法。他在池塘边取水练字，时间一久，洗笔砚台的余墨浸染池塘。张芝又取家中衣物帛布，只要能写字的衣物全部都用来练字，隶书在张芝笔下化成龙，呈现腾飞之势。气势才是书法的魂，古人仓颉比物象形创字，莫不是取之于自然，道法自然，字法自然！

幼小的王羲之虽然此时不爱言语，但他明白眼前这位书法老师，是要自己持之以恒，仿效先辈勤学苦练。

卫夫人甚是喜爱自己的小徒儿，不仅因为他是自己表亲外甥，还因为他在书法上孜孜不倦的学习，前途不可限量。

卫夫人开始了教授王羲之书法道法自然之路。世人皆知卫夫人所著《笔阵图》中云：“横”如千里之阵云，“点”似高山之墜石，“撇”如陆断犀象之角，“竖”如万岁枯藤，“捺”如崩浪奔雷，“努”如百钧弩发，“钩”如劲弩筋节。

卫夫人并未像其他书法人一样在屋里一边讲解，一边让学生练字。现阶段的王羲之全部取法于古人，没有自己的个性。书法家并不能仅仅靠临摹就可以成为大家，卫夫人深知王羲之缺少的是什么，一个人怎能失去自己的个性！于是她独辟蹊径，带着王羲之来到野外，道法自然，卫夫人让自己的弟子接受来自大自然的熏陶与洗礼。

**【横】如千里阵云**

汉字所有的字莫不是由简单的笔画构成，卫夫人开口说道："先学于天，你看着天空风云变幻，阴雨晴天，云卷云舒，极具变化。云有千万种变化，要看清楚云在天空，静中有动，动中求静。要用眼睛体会缓慢行走的云。"这就是书法第一课，要先有独道的眼光，观察大自然的动与不动，体会风中云彩的一卷一舒，因为书法首先是视觉的艺术。

王羲之听到与众不同的学习之法，灵魂深处荡起一阵兴奋的颤动，王羲之瘦小的身体站在天空下，感受云卷云舒，横不再是横，云不再是云。大道归一，云道属横。王羲之感悟着从云端传来的气息流动，云飘忽不定，形态多姿，风就是自然之气，是气的流动让云若静若动，动静相连。这才是真正的书法之道。

王羲之每天坚持观察天上的云彩。色彩的绚丽，阳光的明媚，心情的舒畅，让痛失父亲的王羲之在不知不觉中得以舒展，人也变得通透起来。与万物相比，人站在辽阔的天空下是那么渺小，生命的流动与静止都难比天上的云。

经过几天的相处，王羲之越发依恋自己的姨母。这亦师亦母的情感一直深藏在王羲之的心中。因为父亲的失踪，王羲之很少在人前展露自己的感情。后来王羲之还亲自接姨母到会稽养老。永和三年，卫夫人病殁。当时王羲之正在去往东晋京城上任护军将军的路上，中途闻此噩耗，如遭重击，内心凄苦无比，他在《姨母帖》中写道："十一月十三日王羲之顿首顿首；顷遘姨母哀，哀痛摧剥，情不自胜，奈何奈何。因反惨塞，不次。王羲之顿首顿首。"笔法古朴，行中带隶，同其他字帖相比，该帖少了妍美之姿，后人评价多为王羲之过渡的字体。字最重要的作用是传情达意的，书法也是。在王羲之的心中，失去恩师的痛苦是无法用自己的字体传达的，而且隶书的缠绵悠长化不开他的忧伤，王羲之用这样的方式向启蒙恩师致敬。隶书多缓慢苦涩，每一处字迹都藏着一段回忆。王羲之写此帖根本没有把它当作书法，而是行笔苦涩、情真意切的悼念之作，在授业恩师面前一切技巧都是枉然。摒弃一切雕琢，他仿佛回到了学书时代，他还是那个木讷的王羲之。想起学书的一幕幕，王羲之只能用这样的笔法缅怀自己的启蒙恩师。

**【点】如高空坠石**

卫夫人带着他走到郊外，远离院落藩篱，走进高山的怀抱。卫夫人让他手握石头，体会石头的重量；又从高处丢下石头，让他接住，切身感受石头从高处下坠的力量。石头堆积可成山，飞石有它自己的轨迹，于刚处求柔和，在流动中现刚强，过刚易折，过柔无力。这些体验让小小的他不仅懂得了书法之道，更明白了为人之法。

**【撇】如陆断犀象之角**

黄昏，牧牛人晚归，此时夕阳西下，落日的余晖把整片晚霞点燃。卫夫人领着王羲之走在回城的路上，她指着夕阳下的牛群让王羲之观察。他看到人影、牛影如墨，阳光晃得有些刺眼，远处的太阳仿佛在融化，两处弯弯的牛角如新月，夕阳的火球恰好挂在两个牛角之间，一幅晚归图徐徐映入王羲之的眼眸，那挺拔有力的新月状牛角携夕阳深深地印在他内心。

到家后，卫夫人派人拿来南国寻得的犀牛角给王羲之。触摸着凉凉的犀牛角，整齐的切面光滑如镜，犀牛角沉甸甸的，是多大的力量切断这么坚硬的犀牛角？卫夫人让王羲之自己去体会“陆”“断”两个字的真正含义，自己则坐在桌前看书。丫鬟送来饭菜卫夫人边吃边看书，王羲之闭目体会如何用笔、怎样表现那份力量，取其象易得，取其髓难成，王羲之的手时快时慢，一遍一遍地模拟。脱离了笔才明白毛笔的刚柔。

撇，若人挥刀砍去，势大力沉，迅驰如电，俨然可断犀角，刀去角落，干净利落，绝不拖泥带水，如果犹豫不定必黏连成墨团。笔成切割牛角之势。手法过轻又会得之漂浮，过重则会力断于行。

**【竖】如万岁枯藤**

后山，夏天。卫夫人在后山习字，同样，这也是王羲之第一次来到卫夫人的室外书房。让王羲之吃惊的是卫夫人在周围山上的石头、树皮和树叶、树干，能写字的地方都写满了字。楷书在林间矗立，隶书在石上挺拔，草书在芭蕉上摇曳。王羲之沉醉在墨香之间。

突下大雨，石块、树皮被洗刷一新，而雨水和墨迹又混为一体变为黑色雨水从山石间流淌，好一幅“山上下过墨汁雨”的美景图。王羲之望着卫夫人在细雨中孑身独立，仿佛不食人间烟火的仙子。

雨过，卫夫人不发一言，走在前面，王羲之踩在卫夫人的脚印上，一步步跟着。

竖是什么？卫夫人抛给王羲之一个无厘头的问题。王羲之沉思片刻，摇头不语。他只是偷偷看了一眼树干。卫夫人并没有言语，只在陡峭的山石间寻出一根根藤蔓。

柔弱细长的藤蔓爬满了整个青绿色的峭壁，藤有筋骨，攀岩向上。枯藤虽死，但韧性犹存。这向上的力量生死皆在。卫夫人让王羲之拉扯藤蔓，王羲之拉着枯黄干瘪的藤蔓怎么也想不到竖就是藤蔓，不挺拔也不直来直去。怀着内心的疑问，卫夫人在身后轻描淡写地说了一句：“爬上去，拉着藤蔓。”

回来的路上，王羲之手上磨出了几个血泡，脸上却透着兴奋，原来是这样！

卫夫人的意思是不要被外在的表象蒙蔽双眼，眼睛也会欺骗人。藤蔓内在的柔韧比树干更有力量，竖的韧性犹如枯藤般。一笔三折，竖行虽向下，却不输掉骨气，骨子里全是韧性，拉扯不断。大自然真是良师益友。万岁古藤志不减，下笔执意体自然。

在王羲之跟从卫夫人学书的日子里传来了几个消息。当然，关于王家的又不是什么好消息。晋怀帝下诏罗列司马越罪状，布告天下共讨伐之。司马越忧愤而亡。王羲之远方堂伯父王衍被刘聪部下石勒杀害，其部下王公士庶民十余万人尽数而亡，王家部曲又一次在战乱中丧命。王羲之堂伯父王导升迁为镇军将军，小叔父王彬为镇东参军。得知族人的消息，王羲之求学的心更加饥渴。

因为他一直坚信父亲还在，身为人子，不能坐以待毙。王羲之等待着卫夫人别开生面的教导。他要学汉字的横，动静自然；他要学汉字的点，掷地有声，说话有分量；他要学汉字的竖，做人充满坚韧，枯藤已死仍然具有生前的韧性；他要学汉字的撇，以斩断牛角的力量来追求书艺之道，要有力劈牛角的气势。

**【捺】如崩浪奔雷**

长江水奔流不息，坐在乌篷船里的卫夫人带着王羲之在长江上肆意漂荡。见卫夫人不言语，王羲之也不敢开口问。起风了，船开始左右摇晃，长江水泛起一阵阵浪花。流动的江水日夜不息，长江的尽头就是大海了。王羲之还未曾一睹大海的波澜壮阔，他下定决心在有生之年要与好友一同泛舟去看海。脚下的船摇晃得他有些眩晕，脚下无根，王羲之的心提到嗓子眼，双手抓紧船里小桌子的桌腿，长江水也是有喜怒哀乐的，风卷起浪花，一涌而过，一朵浪花叠着一朵浪花，一波白浪追赶一波白浪。卫夫人静静地站在船头饮茶，镇定自如。王羲之也学着她的样子站起来，一个趔趄瘫坐在船板上。“雷雨来了，去船舱里坐着，同我一起观雷。”王羲之乖乖地坐在船舱里，透过小窗可以看到外面阴云密布，像淡淡的余墨倾倒在天空，层层的墨色越积越厚，越来越低，仿佛逼近头顶，触手可得。王羲之心里透着兴奋，因为他最喜欢听雨声，心境也会随着雨声而沉静。第一次在江河大浪面前听雨观雷真是让自己开心得发痒。

江面上开始长满小水泡，越来越多的小水泡逐渐盛开、破裂，突然一道银色的闪电划破苍穹，云层被生生切开，密密麻麻的闪电在眼前炸开，期待许久的雷声在耳边滚滚而来，雨点由小至大，越来越急切，越来越密，犹如写字时一笔快过一笔，大雨的画面徐徐展开，犹如笔墨肆意翻转。卫夫人看着王羲之流着喜悦的眼泪，默默不语。此时奔雷滚滚而来，仿佛要炸开一片新境界。

**【折】如百钧弩发**

王羲之的姨父汝阴太守李矩从家族部曲宾客那为王羲之寻来弓弩器具。王羲之还记得小时候总是缠着哥哥要他为自己做弓箭，哥哥三令五申，告诉弟弟绝对不可以对家畜下手，王羲之左耳进右耳出，当然没少挨哥哥骂。想起哥哥，不知不觉有两年没有见到他了。

卫夫人安装好弩箭，搭上弦，扣动扳机，嗖的一声，短箭如风，一旁的王羲之吃惊不已，这么小的东西竟如此强劲，一连几发，箭力不减。

卫夫人让王羲之亲自去感受这弓弩的威力。他用手轻触弩弦，弯曲越大，弹力越大，力从弦来。

可是要如何在书艺上表现这种力量呢，王羲之看着弩箭发呆。毛笔的笔锋不正像弩弦一样吗？力度来源于张力。蓄势、回转，王羲之决定把平铺的捺在收尾时加上蓄势和回转，犹如引出一发发蓄势待发的弩箭。

**【横折钩】如劲弩筋节**

箭在弦上，力势已足，蘸取新墨，王羲之一遍遍地从弩箭上体会弹力的劲道。他紧锁眉头，无法再现百钧弩发的笔势。王羲之紧锁着眉头，没有一点头绪。

卫夫人吃惊于王羲之的悟性，点头微笑，在一旁画下一只白鹅，只是并未点上白鹅的眼睛。王羲之看着眼前的白鹅，一下子就喜欢上了它。那昂首挺胸、亭亭玉立的风姿，有魏晋遗世之风，弯弯的脖颈自然流畅，曲笔笔意都在白鹅的脖颈之上了。王羲之瞬间明白了卫夫人的用意。

那是因为墨色的用法，曲笔的用法全在画鹅的身上。卫夫人为王羲之精选了一只小白鹅，每天跟着它散步，看它吃食，看它游泳，看它入睡。王羲之发现自己真的喜欢上了它。见鹅如见鹄，其形不远，见形得意。真乃是鸿鹄天上羽仙，白鹅地上道士。因为家里人醉心于天师道，自己耳濡目染也沾染修道之习气。白鹅像个谦谦君子，又像个入定的老道士在一旁吐纳。看着看着，王羲之眼前出现一个汉字“之”，这不就是眼前的白鹅在字里的像。后来王羲之醉酒间写下千古名篇《兰亭集序》，其中“之”字形态万千，莫不是取法于白鹅婀娜之态。

## 二、仙婆践行

为学两载，幼小的王羲之要回家探亲。临行告别卫夫人，卫夫人并未出门相送，只让丫鬟送出门。这让王羲之有些失落。

王羲之回家的途中去买饼，只见卖饼的人把案板放在脸前，烙鳌放在背后，擀一个饼从头上往身后一扔，恰好落在烙鳌中，围观的人很多，啧啧称赞。

王羲之也来观看，不由脱口说道："这个手艺简直太神奇了。"

卖饼村妇听到有人夸奖，就开口说："这还没有王羲之的字写得好。"众人也是第一次听闻王羲之这个名字。王羲之心里一惊，这神仙装扮的老妇真是天神下凡，不仅知道我的名字，还知道我苦练书法？自己的字哪能和神仙相比。于是暗自下定决心，字必成器，才不负父亲和姨母的厚望。

卖饼村妇转过身来，王羲之这才发现是调皮的卫夫人扮成神仙模样在自己回家的路上烙饼等他。

王羲之在神仙老母饼摊子前深深作揖，抬头看见了姨母卫夫人对自己俏皮地眨眨眼睛，微笑着与自己挥手作别。这一次，王羲之眼中的泪花止不住留下来，像一点点墨痕在脸上划过。

学书几年吃再多的苦，他都不曾流过一滴泪，此时抑制不住的情绪在一点点释放。

第四章

# 兄弟情深

# 一、长兄王籍之成婚

学书归来的王羲之回到久违的家，依然是熟悉的青瓦白墙，和随风荡漾的翠绿西柳。看到高处院墙几尺的劲竹，王羲之看着一抹抹久违的绿色，就知道家在眼前。

尽管父亲不在，但有自己的母亲和哥哥在家等他，还是有种幸福的感觉。

哥哥的性情和父亲相比，少了进取心，多了些随遇而安、与世无争的平和气质。淡薄的性子让他与世无争，只是他惦记这个比自己小几岁的弟弟。作为家中长子，他知道弟弟生了一场大病后落下了病根，病发时会头疼抽搐，甚至几次昏厥过去。自己的这个弟弟骨子里刚强，有一股他没有的不服输的劲头，王籍之对待自己的弟弟就像祖上王祥对待自己的弟弟王览一样。做兄长的他会为弟弟着想，来自建康的大事小情都要与自己的弟弟说几句，顺带着介绍一下琅琊王氏的发家史，给小弟理出个头绪。

王籍之与弟弟王羲之感情深厚，但史书记载却很少，甚至王羲之有这位哥哥的事实都差点被淹没在历史的长卷中。所幸，在王羲之的少数字帖里我们发现了他哥哥的踪迹。

《告辞文》云："母兄鞠育，得渐庶几。"王羲之提到了自己是由母亲和哥哥抚养长大的。等到哥哥王籍之结婚，嫂子对他更是关爱有加。

后来，王羲之在嫂子亡殁后写书信哀悼："亡嫂居长，情所钟奉，始获奉集，冀遂至诚，展其情愿，何图至此？未盈数旬，焉见背弃，情至乖丧，莫此之甚！追寻酷恨，悲惋深至。痛彻心肝，当奈何奈何！"

由此看出，王羲之对这位嫂子感情至深。由于关于王籍之的书籍记载寥寥无几，我们对他这位妻子也只是从后世文献中发现一些蛛丝马迹。

可以说王羲之是早年"丧父"（虽然王羲之中年迎回父亲，那也只是棺椁），由母亲和哥嫂一起带大成人。除了母亲和哥哥，王羲之生命中最亲的人就是这位嫂子了。

远道归家，王羲之在自家院子里开辟出了专属自己的小池，用来练习书法；然后去集市求购几只白鹅幼崽，瞧着小鹅幼雏淡黄色的羽毛煞是惹人喜爱。

书艺最终得落实于笔端，这由心端直达笔端的艺术，怎能不经过自己千锤百炼的勤奋而习得之。古人创诗歌以劝惩，碑铭以训诫，张道陵天师道也教人以定坐服食、养气定心为妙，这些古往今来的圣贤之辈莫不是教王羲之明白了书艺非一日之功，唯有持之以恒再加上勤学反思才能算是入门，若想到达登峰造极的境界必要登峰造极的苦练才可，最后加上一点点自己的天赋，书艺之海就全盘活了。

王羲之学书甚早，三岁由父亲启蒙，四五岁开始习字，七岁就已经成名，后来在叔父王廙和卫夫人的教导下，崭露头角，但是这也只是局限于王氏家族内部。对于外人，王羲之仍然给人一副"幼讷于言"的木讷样子。形单影只，他每天握着一杆笔，如同兵士紧握手中长枪。他每天只是勤加练习自己感悟出来的东西，一旁的母亲看着儿子甚是欣慰。王羲之一直都没改掉在身上用手指比比画画练字的坏毛病，做母亲的已感到这是来自他的心结，王旷一日无音信，他的内心就一日不得平静。儿子心中的这股劲着实让母亲既自豪又担心。

大儿子王籍之年方十六，也到了谈婚论嫁的年纪，叔父王廙和王彬替王母分忧，一家家寻找适龄的士族女子。王籍之结识周嵩的女儿，王籍之将这件事告诉了两位叔父，王廙和王彬觉得此事可成。在两位叔父的登门下，王籍之与周嵩的女儿敲定了婚事。

这周氏一族是东晋名士。周嵩，字仲智，周顗之弟，官职累迁御史中丞。周顗，字伯仁，弱冠之年，承袭了其父西晋安东将军周浚武城侯的爵位，官至尚书左仆射。敢进忠言而被朝廷重用，天性宽厚仁爱，遂被敬重。

周嵩性子急，哥哥性子缓，弟弟周嵩在一次醉酒后对着哥哥发泄不满，他拿点着的蜡烛丢了过去说："你的才气比不上我，为什么竟然获得了比我更高的声望？"周顗脸上的表情依然如平常一样，语气平缓地说："周嵩你实施火攻，这本就是下策。"

《晋书》记载："王羲之幼讷于言，人未之奇，年十三，尝谒周顗，顗察而异之。时重牛心炙，坐客未啖，顗先割啖羲之，于是始知名。"。

# 二、领悟笔论

王羲之在书法造诣上俨然有超越其父的趋势，堂伯父王导甚是喜爱自己的这个侄儿（至少表面上喜欢），王导善书法，以行草最佳。他学习钟繇、卫瓘之法，而能自成一格。永嘉南渡那年王导将身上私藏的钟繇《宣示帖》赠予王羲之。

经历卫夫人的教学洗礼，又观钟繇《宣示帖》，取各家之长，王羲之书法大进，心中那一盏书法的心灯越发明亮，可家里还是有件事情让勤奋的王羲之不得不停下挥动的手臂。因为家里终于要来新成员了，哥哥要成婚了。

哥哥王籍之成婚的日子临近了。王羲之终于放下手中的笔，陪同哥哥走出房门，来到八角凉亭中的石桌旁，一起坐在石凳之上。

在晋愍帝司马邺建兴元年，十六岁的王籍之与周嵩之女成婚。王籍之出身琅琊王氏，周嵩的女儿也是名门之后，算是门当户对。在当时士庶是最忌讳通婚的，士族拥有与生俱来的优越感，一是为了显示自己优良的出身，二是在仕途上铺好道路。婚姻在古代更多的是政治行为，为了家族的延续和繁荣，在九品中正制的影响下，门第相等才能互通婚姻。

古时候从议婚至完婚，需要六种礼节，即纳采、问名、纳吉、纳征、请期、亲迎。这一娶亲方式，周代即已确立，虽然东晋迁到江左之地，但老祖宗定下的礼仪不可违背。

经过“纳采、问名、纳吉、纳征、请期、亲迎”此“六礼”，婚姻才正式成立。

就在王籍之一家沉浸在新婚快乐时，王家收到一份严重的弹劾诏书。出面弹劾王氏的人就是刘隗（前文提到王敦叛乱时诛杀的其中一位）。此人两面三刀，口蜜腹剑，善于逢迎晋元帝，司马睿调任刘隗出任丞相司职，刘隗求功心切，一上任就弹劾多人，一本弹劾王羲之兄长王籍之，不尊礼法，在叔母丧期中结婚，一本谴责王籍之的岳父周嵩、叔父王翼、王彬。

刘隗本打算拿王家作为自己政绩的垫脚石，可是他打错了算盘，王家与司马睿对于此事都是睁一只眼闭一只眼。在两晋年代，丧期期间成婚的人大有人在，皇亲国戚莫不如是。而且，叔母并非是王籍之直系母亲，婚礼也是按照三书六礼，父母之命，媒妁之言，门当户对进行的。

从这个时候，王家开始注意刘隗这个谄媚小人。后来王羲之伯父王敦起兵的理由就是因为他。一位见风使舵的人物开始走进王家政治生涯中（刘隗在王敦之乱后投降前赵石勒）。

王籍之有惊无险地结了婚。鉴于当时王羲之年龄小，兄长与这位嫂子陪同母亲一并照顾他。

# 第五章

# 王周两家的恩怨情仇

# 一、伯仁之名

自此开始，王周两家因王籍之而成为亲家，周家是汝南士族的代表，伯仁之名，更是名盛江左，周顗因天性宽厚仁爱而被世人所敬重，周伯仁之名在东晋就像一杆宽厚的旗帜屹立在江东。

有这样一则故事流传下来。南渡后，周顗一家人在冬至的时候一起等着年迈的母亲赐冬至酒，周家的三个儿子坐在酒桌上，等着老母亲发话。老人感慨道："本以为南渡避难，咱们周家会连个站脚的地方都没有，好在周家有福气，你们几个都在眼前陪我，我还担心什么呢？"这时候，周伯仁赶忙起身，跪在母亲面前，流泪说道："并不像母亲说的那样，我为人志向大而才气不足，名声大而自己见识浅，喜欢乘人之危，这不是自我保全之道，而且我本性乖戾，怕是以后不会受到世人的理解。家中唯有小弟待人如常，将会在母亲的面前尽孝。"

也许是预感到自己将要遭遇不测，这是周顗最后一次看到自己的母亲，因为世事变幻无常，王、周由亲家转变成了仇家。

在王籍之新婚的第十三个年头，王羲之堂伯父王敦以"清君侧"为名，在武昌举兵讨伐刘隗、刁协两人，司马睿任用此二人对抗王家的计谋彻底失败。刘隗在朝廷一直以弹劾王家各种过失为乐。对于王家而言，刘隗就像一只苍蝇每天在你耳边嗡嗡地盘桓，它不给你带来实质性的伤害，只会让你恶心，让你徒增烦恼。时东晋司马睿心腹有刘隗、刁协二人，大家同朝为官，每个人都心知肚明，王导老好人的形象深入人心，司马睿利用二人分了王导的权力，王导毫无怨言、默不作声地执行。对于司马睿而言，疏远王导，分散以他为首的王家的政治势力，就像一记重拳落在了棉花上，收效甚微；自己依王家而成帝命，却又不能完全离开王家。可是，回报司马睿的不是王导的任何行动，而是王导这一只猛虎的血盆大口。

《世说新语》记载潘阳仲见王敦小时，谓曰“君蜂目已露，但豺声未震耳。必能食人，亦当为人所食。”潘阳仲真的是一语中的，王羲之这个堂伯父拥兵自重，起兵造反。

王敦，军权在手的政客，野心极大，行事像极了已故的司马越。他大权在手，多次平定长江流域流民的起义叛乱。王敦在南渡后，骄横肆意，大权独揽，将在外，军令有所不受，自己点官任命下属，丝毫不把司马睿放在眼里。所有的这些行动刺激司马睿。司马睿手下无兵，于是想出一条妙计。下诏任命刘隗为镇北将军、青州刺史，征集北方流民及奴隶组织军队，名为讨伐胡人石勒，实则重建军权对抗王敦。王敦对于这些鸡飞狗跳的小动作一一看在眼里，他在武昌起兵，刘隗、刁协劝元帝司马睿杀尽朝中王氏众人。晋元帝并未同意，刘隗闻风始有惧色，开始为自己谋划下一步。这边王导率领家族子弟王廙、王彬等宗族二十余人（王羲之也在其中），每日在朝堂外等着降罪，以退为进。

周顗晨起入朝，王导看见周顗疾呼喊道：“伯仁，我家百口，今当累卿。”周顗并未搭理王导，昂首觐见晋元帝，极力游说王导如何忠诚，晋元帝本来就无法对王家赶尽杀绝，于是采纳周顗的建议。晋元帝素知周顗好酒，与周顗边饮酒边畅谈时下局势，周顗醉酒出宫门，王导又疾呼伯仁，周顗开起了玩笑，想着吓吓王导，便说道：“今天当杀诸贼奴，好取斗大黄金印，系诸肘后了。”周顗归家后又上书表明王导无罪，然而王导并未知晓这一切，他以为周顗陈诉王家罪状，暗地里恨上周顗。一个无法挽回的遗憾就此产生，晋元帝赦免诸人，王导进宫面圣，叩拜言谢道："逆臣贼子，无代不有，可恨今日出自臣族。"晋元帝光着脚丫，来不及穿鞋，亲自扶起王导直言道："茂弘（王导字茂弘），朕方欲寄卿重命，何如多言。"司马睿决定采取"以王治王"的战略，八面玲珑的王导当然也深知其用意，自领前锋大都督，与众臣一起起兵对抗王敦。王敦兵至石头城，晋元帝派出王翼、王彬游说王敦退兵。王敦攻入建康，刘隗、刁协兵败入宫，面见晋元帝，晋元帝劝说其避祸，刁协声泪俱下道："臣当守死，不敢有贰。"刁协人老力乏，被人宰杀，刘隗携一家老小逃离东晋，北上投降后赵。王敦控制了建康，大权独握，抓捕晋元帝诸臣子，周顗就在此列。王敦询问王导，周顗一代名士，是杀是留，王导不言不语。

周顗被逮捕，路过太庙，大声说道："天地先帝之灵；贼臣王敦倾覆社稷，枉杀忠臣，凌虐天下，神祇有灵，当速杀敦，无令纵毒，以倾王室。"话音未落，左右差役便用戟戳其口，血流满地的周顗面不改色，神情自若，遂被杀。王敦杀周顗之后，使人吊周嵩，弟弟周嵩悲哀道："亡兄天下人，为天下人所复何所吊！"敦甚衔之。

王敦之乱平定后，王导浏览以前的宫中奏折，看到了周顗营救自己的折子，其中言辞恳切。王导拿着这封奏折，痛哭流涕，悲不自胜。回来之后他对儿子们说："吾虽不杀伯仁，伯仁却因我而死。幽冥之中，负此良友！"

王敦用计谋陷害周凯。当时道教在民间风盛，道士李弘妖言惑众，宣传教义，于是唆使当地庐江太守李恒上表建康，一面派人抓捕李弘，一面在营中杀害周筳，并把周嵩也连坐在内，说他同谋叛乱一并杀害。

王籍之一家闻此噩耗，痛彻心扉，当时的王籍之远在外地任安城太守，且人微言轻，手无兵将，无力为岳父报仇，更何况对方是族亲王敦。无辜受灾的王籍之作为周家的女婿无力至此，郁郁寡欢，几年后病逝他乡。王羲之在哥哥逝世后，把嫂子接到自己的管辖领地会稽奉养，在《明如驰贴》中，王羲之感叹追忆道：“日月如驰，嫂弃背再周。去月穆松大祥，奉瞻廓然，永惟悲摧。情如切割，汝亦增慕。省疏酸感。”

王敦彻底得罪了周家，不过此时的琅琊王氏正处在“王与马，共天下”的鼎盛时期，周家无力反抗。毫无官职的王羲之处在尴尬的境地之中，退无可退，进无可进。他在王家说话没有分量，来自嫂子的无奈和悲伤，时时刻刻刺痛着他的心。自父亲离去，母亲和兄嫂一起照顾王羲之长大，在王羲之的世界里，这位嫂子如同母亲一样。王羲之突然意识到琅琊王氏这个称号对于自己而言不仅不是荣耀，反而是个负累，木讷的王羲之看着这一切发生，又看着这一切不了了之。他心里萌生了要王家崛起，必须要重建自己的家族，来自他父亲的这一支弱小的王氏一脉。

还有一件关于王羲之的故事，当然也许是后人杜撰出来给书圣的人生添加色彩，我们现在也不能确定是否确有其事。王羲之来到周顗府上坐客，认识了周顗的小女儿，木讷的王羲之第一次在南渡后交到朋友，懵懂的两人还不懂什么是爱情。对王羲之而言，久已封闭的心终于有了朋友可以倾诉。然而周顗的惨死使她痛恨王家。王羲之面对这一切只能默默承受。自此，王羲之把心紧锁，一心扑在了对书艺的追求上。书艺之道究竟意指何方，而书道的未来方向又在哪，自己以后的出路又在何方。周顗小女儿自从父亲枉死后就失去了消息，王羲之心里藏了很多问题无人解答。眼下唯有书艺不会带给王羲之痛苦，能承载自己诸多心事。每一次王羲之观看父亲为自己留下的《笔论》，都像是在与他对话，读古人书，思古人意，超脱于外的片刻安宁让他自小拥有不属于他这个年纪的成熟。

回头看王导与周顗两人的交往史，如果周顗不是最后狂傲戏弄王导，如果不是王导妄加揣测，一代名士也不会惨死于此。《世说新语》中有一段文字描写王导与周顗的友情。王导曾把头枕在周顗的腿上，王导指着周顗的肚子，问里面装的都是什么东西，周顗回答：“这里面空空洞洞的，不过像你这样的人足可容纳数百个。”王导微笑着。周顗曾在王导座间傲然长啸，王导说：“你想学嵇康、阮籍吗？”周顗回答说：“我怎敢近舍明公，而远效嵇康、阮籍。”周伯仁为人大义，救王导等人于心，在朝野上提防小人，在外摆出一副幸灾乐祸的表象，不仅骗过了众人，连身在其中的王导也是在伯仁死后才知道真相。人心不古，世道多艰。王导与周顗相交甚欢，可友情最终葬送在一场政治斗争中。

王羲之的少年时代就在家族之间的争斗中度过，甚至王羲之的一生都处在各个家族的政权争夺之中。世间的恩怨，莫不是因人而起，又最终因人而结束。

## 二、叔父传艺

王羲之最推崇的前辈有两个，一个是钟繇，另一个是张芝。“吾书比之钟、张，钟当抗行，或谓过之；张草犹当雁行。然张精熟，池水尽墨，假令余耽之于此，未必谢之。”

王羲之得钟笔法，草书学于张芝，游走于各大家之间，超脱于上，自成一体。自隶书兴起，为了书写便利，汉初草写，也就是后世口中的章草，隶草结构简单，笔画连绵，字字区别，不相纠连；而章草盛于东汉，到张芝出世，章草由字字不相连，在张芝的手中演变成“今草”。今草将笔画分离，改为上下牵连富于变化，字的体式秀丽，一笔而成，气势如虹。观张芝《冠军帖》，真是令人灵魂深处都有一种战栗的感觉。张芝运笔狂放自由，犹如腾蛇乘雾，蛟龙出海，姿态万千。字形变化多端，正侧俯仰，气势一泻千里。而且张芝与王羲之的今草也是中国简体字的源头，今天的简体字大多取法于草体。

王籍之的死坚定了王羲之脱离王导之流的决心，这之后无论王导几次相邀王羲之留在京都为官，他都一一回绝。哥哥的在天之灵也不希望自己留在京都做官，为了一己私欲，这样的官王羲之不要。

王羲之十六岁时，他叔父王廙当上辅国将军，调回建康。王廙工于书画，擅长音乐、射御、博弈、杂技，其书画被称为“江左第一”，时人称“王廙飞白，右军之亚。”王廙终于可以亲自教王羲之，王廙画《孔子十弟子图》赠给王羲之，云：“余兄子羲之，幼而岐嶷，必将隆余堂构。今始年十六，学艺之外，书画过目变能。就余请书画法，余画《孔子十弟子图》以励之，嗟尔羲之，可不冒哉！画乃吾自画，书乃吾自书。吾余事虽不足法，而书画固可法，欲汝学书，则知积学可以致远，学画可以知师弟子行己之道。”

王廙对王羲之寄予厚望，他的教育理念就是一个人无论拜什么样的师父，都要坚持走自己的路。王羲之深深知道这其中的道理，自古能人大贤莫不是取法古人，自成一家，王羲之知道自己在书法的道路上才刚刚起步，还未像叔父那样冠绝江左，成为王师，但王羲之胸中自小就压着一种傲气。父亲的失踪或者家族内部争斗，都让他喘不过气，他需要一个释放的缺口，一种欲罢不能的气势在笔下挣脱出来。王羲之就像一个熔炉，焚煮楷书、隶书、草书。王羲之目睹哥哥一家的生离死别，忽然觉得痛苦就是自己嘴里，品尝万千滋味，握着毛笔，余墨一点一滴地滴在纸上，笔尖不正是一个发泄的出口，替人吐露心声。这字里不也包含人生的酸、甜、苦、辣、咸吗？钟繇化楷，我辈不可以把字赋予各种情绪吗？人心向上，人心向美，“人”这个字一撇一捺最简单、也最难。

第六章

# 东床快婿

## 一、岳父的草根人生

对于王羲之的情感生涯，民间好事之人还是会捕风捉影，为他量身定做了一段曲折的初恋故事。这对于喜爱王右军的百姓而言，不仅没有打断人们对他的热爱，反而津津乐道地流传这一段故事。

王羲之与周顗小女儿的一段感情因周顗的离世而告一段落，他也由此对王导等人怀恨在心。即使是郗鉴后来登门、王导来说亲，王羲之都是应付。他心中恨透王导、王敦，不屑与之为伍。在王敦叛乱之后，王导欲令王羲之与尚书令郗鉴联姻，郗家的长女号称当时的女中笔仙，才情冠绝。

对于政治婚姻，王羲之根本没放在心上，依然我行我素，以手指当笔研习书艺字体。饿了吃个凉饼，热了摊开长袍，旁若无人，就是王羲之的常态。而无心插柳的王羲之却被郗鉴派来的人看在眼里，郗鉴这个草莽英雄夹在王家、庾家之间，本就图个平衡，他看中了王羲之处身世外的态度，选中他，既不会得罪庾氏家族，又不会冷落王家，真是一举两得。

《世说新语》有一则评价王羲之岳父郗鉴的言论，“郗公体中有三反：方与事上，好下佞己，一反；治身清贞，大修计较，二反；自好读书，憎人学问，三反。”郗鉴身上有三处矛盾，本人侍奉君主正直，却喜欢下属奉承；注意加强自己的清廉节操修养，却喜欢计较自己的财务得失；自己喜欢读书，却讨厌别人做学问。

郗鉴其人，说起来也是琅琊王家的山东老乡。永嘉之乱时，石勒乱中原，山东多地生灵涂炭，郗鉴住在山东老家，生活艰难，四处躲避灾祸，不投降后赵。在战乱的年代，多少人暴尸街头，战争不会让你好好种地，郗鉴带领一帮流民和未南渡的遗民在兖州一带生活。在战事不息而没有外援之下，人们仍不叛离郗鉴，反而人数渐多，三年之间就拥众数万。司马睿闻知此事加授郗鉴为辅国将军、都督兖州诸军事。

王敦之乱时，郗鉴退守合肥，后在江苏镇江京口（也称北府）招募大量南渡的流民安顿此处。虽然京口在当时仍然是贫瘠荒凉之地，但对于无家可归的流民来说，没有外族骚扰和挨饿已经是很幸福的一件事。谁也不曾想到，这样一支军队，几经辗转成为赫赫有名的北府兵，淝水之战在谢玄的带领下大败苻坚之军，后来刘裕掌控北府兵成为南朝皇帝。

王敦诛灭刘隗、刁协等人，又称霸建康，被晋元帝封武昌郡公，领江州牧，退回武昌。晋元帝司马睿经过王敦这么一折腾忧愤成疾，弥留之际，他不得已召司空王导，嘱托遗诏，令太子司马绍即位，是为晋明帝。

明帝一上台就任命兖州刺史郗鉴为安西将军，都督扬州江西诸军事，防备王敦。王敦深知新登基的司马绍防备自己，因为王敦曾经召集百官以不孝之名商议废除太子司马绍。王敦询问温峤曰："太子有何德望？卿待东宫，理应深知。古人有言：'事父母几谏。'主上有过，不闻太子谏阻，难道尚得称孝吗？"温峤从容答道："钩深致远，非浅见所能窥，据峤看来，太子实是贤孝，就是公来辇下，亦未闻东宫抗议，贻误国家，怎见他不从中几谏？"王敦无可奈何，只得作罢。现在司马绍任命庾亮为中书监，命华恒为骠骑将军，郗鉴为安西将军，王敦也举荐郗鉴为尚书令，暗地里摆鸿门，宴请郗鉴入帝都建康。

郗鉴明知山有虎，偏向虎山行，与王敦在宴席上慷慨激昂地聊天，王敦的属下建议可就此机会下手灭郗鉴。王敦深知郗鉴为兖州名士，于是放过了郗鉴。

郗鉴逃离了王敦的魔掌。晋明帝召见郗鉴，商议对付王敦之策，王敦此时自恃功高，晋元帝他都不放在眼里。王敦一心想要废除晋明帝，另立新帝，在他心里一直想要自己的弟弟王导登基称帝，自己被封为开国公。在他看来，是他们王家一手开辟的半壁江山。如今晋明帝与王敦互相嫉恨对方，战争是无法避免的了，晋明帝的妃子庾氏被封为皇后，皇后之兄庾亮为中书监，晋明帝拥有郗鉴在京口的兵马，又得到庾氏家族的政治力量，又有王导的王家派系支持，如虎添翼。

# 二、东床快婿

晋明帝太宁元年，郗鉴在京口时，就听闻琅琊王氏的王导有一代名相之风，于是派门生送信给丞相王导，想要在他家挑个女婿。

王导在政坛上也是个老江湖了，一听这话就明白了联姻的政治目的，郗鉴此次来建康为官，正是王敦作乱的最后时期，王导在朝野上打着诛灭叛贼的旗帜。郗鉴此举真可谓一箭双雕，一来可以试试王家消灭王敦的决心有多大，因为郗鉴屯兵京口，是晋明帝安排的后手；二来郗鉴自己马上去建康担任尚书令，为自己的政治生涯结交一个盟友，为以后的为官生涯铺垫一下。

王导也深知自己的家族力量足可以取代司马氏，但他心里也明白来自祖上的遗训，自古以来众多帝王，唯独没有王姓可以做皇帝的。虽然在东汉出现了一个王莽新政，也只是转瞬即逝，王家可以做到位列三公，但不可不忠义，这是王祥、王览两位老祖宗留下来的遗训。王导一直恪守臣道，不越雷池一步，这是他为官的底线。对于郗鉴的求亲之信，王导的回复特别大方，王家所有子弟，尽可挑选。

郗鉴的门生在王导的授意下，来到乌衣巷。众人被请去东厢房。当看到满屋的俊秀小生，郗家才知王家出俊秀，果然名不虚传。王家子弟或坐或站，有的温文尔雅；有的来回踱步出口成章；有的龙行虎步，投身军旅报效国家；有的口念道家经典；有的执笔在一旁临行书法。郗家门生边看边赞，门生问左右，“王家子弟尽在此处了吗？”众人言语：“内室床上还有一位，”门生好奇，走上前去，只见一位公子正躺在床上，手指在袍子上比比划划，左手拿着馒头吃。此时的年轻人正袒胸露腹，听到有人来了也若无其事地在一旁练字。门生倒是窘迫地笑笑没说话。告别王家，门生回去禀告郗鉴，当说到这位袒胸露腹的公子，门生刚要发牢骚，谁知郗鉴听闻后开怀大笑：“就是他了。”门生愣在一旁。后来经查访，原来是王旷之二子王羲之。

庾亮与王导是两个派系的领军人物，庾亮代表新兴的外戚，王导代表北方南渡之后的众多政治势力，郗鉴正好处在他们中间。王敦之乱平定前，庾亮主动退出中书监的职位，王导去挂职，庾亮以退为进接过了陶侃的政治势力，控制了长江中上游的大片地区。在王敦之乱平定后，庾亮一心想着除掉王导，无论是出于维护晋明帝的地位还是巩固自己的势力，以王导为首的势力就像一根刺一样扎在庾亮的心里，同朝为官的郗鉴成了王、庾两家的缓冲地带。

成为郗鉴家“东床快婿”的王羲之也许并未意识到自己已经成了家族政治斗争的工具。即使王羲之知道这婚姻背后的意义，他也是依然如故地练习书法。因为王旷一脉士族的荣耀在政治上俨然已被王导、王敦掩盖。王羲之厌倦了尔虞我诈的政治斗争与连年不断的战争，在他的心中一直有个心结未打开，那就是他的父亲。活要见人，死要见尸。在没有结果之前，王羲之一直在逃避。

岳父郗鉴擅长章草书，一代书学家风俨然成已。膝下大儿子郗愔无心为官，醉心于道教的长生。有一次患病肚子疼得厉害，众多医生给他医治无效，听闻当时的和尚于法开精通医术，就请他过来医治。于法开诊脉后云道：“君候的病，是由于过分虔诚而导致的。”郗愔不解，虔诚于道，与和尚吃斋念佛不一样吗？于法开配了一副汤药给郗愔，服药后郗愔大泻，泻下像拳头那么大的纸团，剖开一看，全是先前吃下去的道教符纸。

郗鉴膝下有一女两子，大儿子郗愔，年轻时醉心于道家；二儿子郗昙；女儿郗璇，秉承家学，被后世称为女中笔仙。大儿子郗愔在书法上颇有名气，年少的王羲之在叔父王廙亡殁后，书法之名比不过庾翼和郗愔。庾翼兄长乃是庾亮，庾亮因灭王敦之乱而被封为永昌公，庾亮也知王家遗少有名气，与人并称为“王氏三少”，王敦亦赞王羲之曰：“汝是我家佳子弟，当不减阮主簿。”庾亮亦工书法，曾向王羲之求书，王羲之谦虚地答道：“庾翼在彼，岂复假此？”庾翼擅长草隶，尤其擅长章草，曾在王羲之之上。但自古文人相轻，庾翼还真瞧不上王羲之年少盛名的样子，对其有过非议：“小二辈乃贱家鸡，爱野鹜，皆学逸少书，须吾还，当比之！”

待王羲之改革章草推出行草书体时，大街小巷都在学王羲之时，庾翼又书致羲之云：“吾昔有伯英章草十纸，因丧乱遗失，尝谓人曰，妙迹永绝。今见足下答家兄书，焕若神明，顿还旧观。”自此，庾翼与王羲之成了书法上的密友。

晚年的郗鉴位居三公，平衡王、庾两家的争斗。王导一生也挣扎在东晋皇室与王家的政治旋涡中，郗鉴告老还乡回封地，临行前特意坐车去看望王导，两个老头互相看着对方，郗鉴一脸严肃，翘着胡子，王导微闭着双眼，郗鉴一落座就说：“快要分手了，有些事情我一定要说出来。”话说得很重，口气很硬，两个人一起回顾这些年走过来的得失。王导听完郗鉴的数落，纠正了几句郗鉴说话的毛病，也开口说道：“咱们后会无期，我也有几句话送给你，表达一下我的意见，那就是希望您以后不要再说话了！”说完，双目微闭犹如老道入定。

郗鉴大恼，灰心丧气地走出来，寒着心，一句话没说就离开了京都建康。咸康五年，王导病逝，东晋皇室用天子礼葬之。同年，郗鉴也病殁，女婿王羲之亲自为岳父书写墓碑：“晋兖州刺史郗公鉴之墓”。

东晋两巨头双双离开人世，王氏一族离开了王导的斡旋后渐渐失势，郗氏家族没有了郗鉴坐镇，也开始被外戚庾亮家族蚕食。

# 第七章

# 家　　庭

# 一、初入仕途

千古悠悠，京都建康旁秦淮河水承载了太多的历史泥沙，多少人长于斯生于斯，埋于斯，秦淮河畔的船灯熄了又亮，一盏换了一盏，一代人换了一代人："江畔何人初见月，江月年年初照人。不知江月待何人，江月年年只相似。"春风乍起的温柔掩埋了悠悠白骨，江水清澈的滚动总有洗刷不尽历史的镜头。

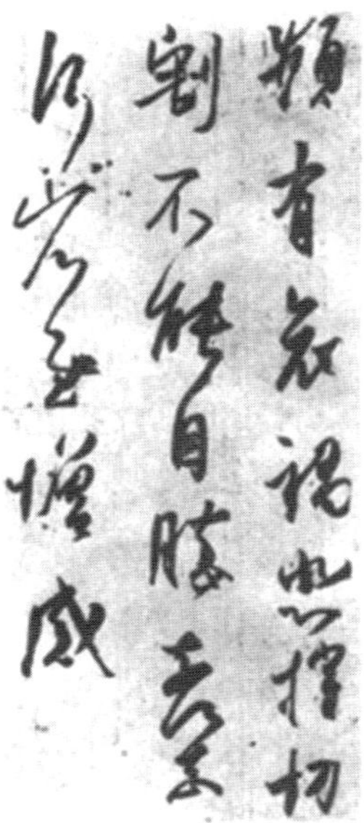
频有哀祸帖

看着无尽的江中月，王羲之携带妻子住进黑白相间的乌衣巷，婚后他经岳父举荐任秘书郎。这时的王羲之已经二十三岁了，算起来也算是成家比较晚，年龄相仿的其他王家子弟都已经为人父多年了。王羲之二十多岁才入朝为官可以说是晚了许多，父亲一脉的底蕴也已经不复存在，王羲之本来就无意为官，人生匆匆几十载，身影飘零于天地间得此佳偶，又有何求?

王羲之自小在父母的熏陶下信奉天师道，诵经服药，魏晋风流人士莫不是遵何晏、竹林七贤为贤，何晏率先服用五石散，而后名人志士、王公贵族跟风。所谓五石散，是一种中药散剂，据说被张仲景收录于《金匮要略》以治疗伤寒病人，常人服用后会性情亢奋，浑身燥热，需要饮用寒食，和温酒散去药力，所以魏晋人士常常脱衣裸袒，或通过散步散去药力，称之为“行散”。何晏一句“服五石散，非唯治病，亦觉神明开朗”，开启了魏晋人士嗑药的风气。五石散成了上流社会身份的象征，当五石散成为一种时尚后，魏晋成了中国历史上集体“嗑药”的朝代。名士们往往为了快速散热，穿着宽袍大袖的衣服或癫或狂，或指桑骂槐地表达不满，或沉迷女色，因为五石散在当时有春药之效。

婚后的王羲之迷信道家。据陈寅恪考证，王羲之众多儿子每个人名字中都是带个“之”字，甚至当时其他王氏族人中带“之”字的也不在少数，这不是王氏家族辈分的时代更迭，而是信奉道教的一种道号。我们可以这样说，王羲之本名王羲，其他众子弟莫不如是。笃信道教的他为自己的儿子取名都带“之”字。

笃信天师道的他心里还是会有成仙得道的念头，书法在他眼中已经不是士族身份的象征，而是他求道出世的一种途径。东晋修道人士众多，上到王公贵族，下到黎民百姓，习道之风盛行，丞相王导每天上朝下朝都握着一把拂尘，以道教弟子自居；更多的闲出病来的士族子弟则是服用道家仙丹以求延年益寿或得道成仙，脱离尘世苦海。

王羲之担任的秘书郎，三国魏始设置，隶属秘书省，掌管图书经籍，是士族子弟出身之官。王导屡次劝诫王羲之在京为官，被王羲之一一拒绝。

因为掌管图书经籍，王羲之可以浏览皇室私藏的各种经、史、子、集和名人书画。担任秘书郎，王羲之如鱼得水，历代的碑刻残片尽在眼前，还有比这更吸引他的吗?

东汉时期，察举孝廉让民间大肆立碑颂扬自己的功德，张迁碑、曹全碑、史晨碑等，汉隶结字讲究，一波三折，撇、捺各具形态。魏晋时期曹丕下令禁碑，遏制奢侈浮华的厚葬之风，导致大量碑刻被推倒掩埋，残存的碑刻急剧减少，民间罕见。王羲之在秘书郎的位置上又得以一睹碑刻书法。书法在东汉开始进入繁荣期，此时的几个契机让书法走进当时的知识分子——士族，不再是皇族贵胄立碑的特例。一是东汉蔡伦改进了造纸术；二是东汉皇室衰微，世家大族纷纷崛起，扛起当时文化大旗，以招揽名人志士作为宗亲私人顾问；三是出现了几位书法理论家总结秦汉书法经验，比如崔瑗的《草书势》，蔡邕的《笔赋》《笔论》《九势》《篆势》。这些极大促进和影响了后来两晋人士的书法发展。在这样书艺渐渐兴起的时代里，王羲之知道自己现在也只能算是大河中的一叶扁舟，不显山不露水。

在秘书郎清闲的岁月里，王羲之慢慢理清了书法从古至今的发展历程。

他开始大量阅览书籍。从殷商的甲骨文到两周的钟鼎文，从秦朝的石鼓文大篆字体到秦统一六国后的小篆字体。漫步在书法长河中，王羲之真的忘了岁月天地，仿佛天地间只剩下笔墨纸砚。在他眼中，书法中的每一个字都仿佛是历史中的一位故人，在一笔一画之间诉说着沧桑的历史故事。甲骨文的玄妙，金文的雍容厚重，或是圆润工整，或是柔和健美，或质朴端庄、遒健舒展。从大篆的严谨端庄疏密布白再到秦相李斯的小篆，不仅仅是赏心悦目的字，更是古人用心雕刻给后人的精神财富。秦篆有大气象，透着秦始皇一统山河的威严，不动如山，大气临天。这就是书法传递出来的“势”。这些文化的积淀都为王羲之今后开起行书的新风格打下了牢固的基础，在他的手中，隶书的扁平字体走向纵势，呈长形，圆润婉通，具有了简洁明快、端庄典雅之美。

咸和三年，晋元帝司马睿幼子司马昱三岁受封会稽王，任命王羲之为“王友”，也就是担任司马昱的书法老师，王友是王府的高级官员，相当于王府的三师三公，王羲之的叔父王廙曾担任司马昱的书画老师。

妻子建议王羲之将家迁到会稽山阴之地，因为母亲常常住在哥哥王籍之那里。王羲之随同司马昱来到会稽山阴，初到浙江绍兴，来到这一片山清水秀的世外桃源，王羲之心生感叹，人困于京都，犹如鸟儿圈养于笼，怎得自由？和妻子商量以后就定居此处，而且，在其母亲百年后将墓地也安在这一片安静之地。

战国初，越王勾践在会稽山阴倾灭吴国，时过境迁，王羲之选好地址，雇佣工匠修建房屋，拥有了自己的府邸，才让妻子郗璇有了家的归属感。此时的王羲之迎来了自己的第三个孩子——女儿王孟姜。婚后第一年，王郗夫妇就迎来第一个男孩，取名王玄之，二子王凝之比自己的妹妹大几岁。两个哥哥由奶妈和下人帮着养大。对于王羲之而言，孩子才是家的底蕴，所以王羲之妻子郗璇共生七子一女。相比其他王氏子弟多妻少子的局面，王羲之完胜他人。当时的丞相王导惧内曹氏，偷偷在外面养个小媳妇安置在院舍，妻子曹氏闻之，风风火火地前去查看，王导飞奔马上，前去解围，生怕自己这位悍妻凌辱小妾，有官员还拿此事笑话王导。总之王氏中王羲之夫妇伉俪情深，相伴终生，这在东晋乱世的年代并不多见。

郗璇的父亲郗鉴也算是个功成名就的英雄，后来官居太尉，位列三公，和东晋皇室的合作还算融洽，不像后来的苏峻在庾亮的逼迫下邀功叛乱。郗鉴在历史上是个有名的书法家，自己的儿子郗愔在当时上层社会与书法名家庾翼齐名。传闻王羲之小舅子的名声在王羲之之上，但郗氏两位兄弟夸起自己家姐姐来毫不吝啬，这个弟弟自愧不如，说自己这位姐姐是赫赫有名的“女中笔仙”。

可以说，这真的是书法名家大家庭相聚一堂。有一位红颜知己在书法道路上相伴左右。郗璇相夫教子，王羲之会把自己的困惑与妻子分享。

在王羲之的心里，有个无法超越的前辈，那就是张芝。不是因为他是一代草圣，而是因为他的独创精神以及他在书法道路上的开拓。王羲之的疑问是，什么样的天才能在隶书出现后，可以化繁为简，在章草的基础上独创今草？

因为草书比楷书出现得早，东汉张芝尤擅长章草，但是他发现章草尽管是隶书的草写，提升了书写的速度，可美中不足的是张芝发现章草便捷有余，气势不足，人们无法纵横肆意地表达书法的神韵。

这位东汉将军之子开始了大胆创新书法之路，他将字与字之间的界限打破，甚至将某些字的笔画简化至上下笔笔相连，形成绝世的一笔书。不仅如此，他将隶书大小粗细均一的字体书写成大小不一，粗细杂糅，正斜相倚的体式。

今草由此在张芝手中诞生，王羲之自学师于卫夫人时就开始用修道的心来修书法之道。

正当王羲之与妻子沉醉在书法的世界时，京城传来战乱的消息。当初平定王敦之乱的苏峻在外戚庾亮的打压下，发动叛乱攻打建康。苏峻代表的下等士族的势力，一直被庾亮猜忌防备。苏峻二话没说，庾亮说他谋反叛乱，那他就率领众将起兵造反。庾亮一路烧杀抢夺，人走到哪火就烧到哪，叛军攻入建康，尚书令卞壶等遇害，京都死者数千。庾亮战败于乌衣巷，遂携带家族子弟逃奔浔阳。王家又一次遭受无妄之灾，王羲之的叔父王彬被叛军捶杀。苏峻恨透了庾亮等士族的挤压，将俘虏的士族女人，扒光衣服游街，羞辱朝廷。

不久之后，同仇敌忾的郗鉴、庾亮、陶侃、温峤等人集结兵马讨伐叛军，斩苏峻于石头城，平息了这场叛乱。庾亮失职招祸有罪，求外镇以自儆。王羲之的岳父郗鉴平乱有功被封为侍中、司空、南昌县公。一场由庾亮引发的闹剧就这样结束了，皇室的动荡完全是咎由自取，不思考稳定民心，巩固皇权，一心在削弱敌对势力的尔虞我诈上，晋室能崛起才怪！

## 二、家庭变故

王羲之在外地时刻关注着建康的局势，此时来自朝廷的任命到了。咸和五年，王羲之与妻子一起迎来了他们的第三个儿子王涣之，随后一家人匆匆赶赴临川。

时令九月，王羲之赶赴临川的路上，恰逢深秋，阴雨连绵，忽有家书至，母亲病重，王羲之的心咯噔一下。他突然意识到，一直以来都是哥哥王籍之照顾母亲，听到母亲病重的消息，王羲之立马修书一封，把母亲接到了自己的府邸。陪同母亲而来的还有自己的哥哥，许久未见，哥俩有说不完的话。

病重的老人看着两个儿子和膝下儿孙满堂的画面，悄悄地闭上了眼睛，她没等到自己夫婿王旷的归来就撒手人寰，哥俩悲痛欲绝。哥哥王籍之沉痛之余也身染重病，垂首而去。一下子失去两位至亲之人，王家如今就只剩下嫂子和自己，王羲之陷入无助。

东汉以后，服斩衰之丧者如果是现任官员，必须离职成服，归家守制（守丧），叫作丁艰或丁忧。父丧称丁外艰或丁外忧，母丧称丁内艰或丁内忧。丧期结束，才能重新复职。

王羲之辞去临川太守之职，为母亲守孝。灵柩埋于临川，王羲之看着自己的两位至亲转眼离开人世，暗暗告诉自己："母亲和哥哥，等我在会稽选好墓地，那时咱们一家可以团聚一处，我会把父亲找到的，无论生死。"

永和二年，王羲之将父母、兄长的灵柩迁葬会稽，在王导次子王恬的帮助下，终于完成了多年的夙愿。王旷一脉没有选择葬在建康，而是改迁坟墓，葬在会稽山阴之地。王羲之对父亲说不出是爱还是恨，但父亲落叶归根后，王羲之解开心里最大的疙瘩。父亲的战败失踪尽管像个污点存在于他的人生轨迹上，但是兵败的责任并不是一个人的事情。王旷在正史上的描述并不多见，反而在各种野史和《世说新语》中多有记载。

有一则故事可以让我们了解王旷的为人处事。永嘉南渡之前，王导、王敦在王家密谋大事，王导支持司马睿南渡后称帝，王敦一心想光耀门楣，有让王家取而代之的野心。王导有自知之明，否决了王敦的建议，两人正激烈地辩论，从窗户底下冒出一个人大喊道："密谋天下，你们这是要造反吗？"王导、王敦俩兄弟听闻后大惊失色，有人偷听密谋，冷汗涔涔。王导赶忙把王旷请进屋里一起商议，王旷首次提议不如举族南迁，脱离琅琊旧地，另谋南地再创王家辉煌。王旷与司马睿是姨表亲，当然赞成拥立司马睿南渡。

王羲之信奉太平道教，随遇而安，性情温婉，骨子里却有着不服气的刚强，有着自己的孤傲。王导多次召王羲之入朝为官，他都用"不乐在京师"拒绝，委婉地表达自己素无庙堂之志。最后为了果断拒绝堂伯父王导，甚至发誓不去京师之地做官。王羲之自从陪伴会稽王司马昱来到会稽山阴，就向其他王家人发出一个信号，他王羲之不再与其他王氏共处一地，亲戚只是祖上曾有过血缘关系的人。

政治上的钩心斗角王羲之玩不转，他就躲在自己的书艺世界里自得其乐。再说了，政坛不缺王羲之。

失去至亲的痛苦，王羲之无力排解，他机械地想要为母亲和兄长写点什么，却无从着力。所幸妻子陪在身边，他给家族的亲朋好友写信一一回复，比如郗氏的两位小舅子和岳父郗鉴，以及琅琊王氏的其他族人。虽家有丧事，但礼数不能丢。

他脱下沉重的官服，为母亲和哥哥守丧，谢绝一切应酬和书信往来，在母亲和哥哥的坟旁结庐看坟，晨昏两次拜祭，每日用扫帚当笔为母兄二人在墓前打扫。妻子陪在一边照顾孩子，每日煮粥为食。王羲之从妻子那学到的做人做事的道理总是浅显实用。在母亲、兄长的坟墓前，两人坐在凉席上，聊曾经的故事。妻子讲起了自己昔日在山东受困挨饿的故事，又讲了吃百家饭塞满嘴的故事，王羲之不曾吃过这些苦，但听妻子娓娓道来自然能感受到其中的苦涩。从家人聊到李斯、张芝、钟繇，两人恨不能生在名人的同一时代，一睹风采。

很多时候，郗璇仔细品味眼前的夫君，他有自己的傲气，因为他也有比他人付出百倍的努力；他有资格有傲气，但他却没有沾染士族子弟的纨绔风气。在书艺上，经过王廙、卫夫人打磨之后，他是世间少见的美玉。郗璇也研习书艺，凭借自己的直觉，她知道夫君虽然在江左之地还未拥有自己的一席之地，但不用几年，全天下的人都会要学习他的字。他心中自有齐肩古人之志，没有这种志向费再多的功夫都是无用，而他不仅有，他更是要做到超越古圣。

对王羲之来说，他在妻子身上看到不同的人生历程。

岳父郗鉴多年作战，书法劲拔有力，行草笔力遒劲。在妻子的手上，王羲之看到与卫夫人不同的女性对楷书的理解，自己师承卫氏正楷一脉，再结合钟繇之体，对正楷有了全新的理解。每个人对书艺的理解不同，即使是同一个字收获的感觉也是不一样的。心境不同，得到的趣味自然不同，性格不同，每个人的表达也会不同。王羲之看着东晋当时众多人的字，反复思考自己的路，唯有集百家之长，融会贯通，自己心中的那盏心灯才会发出光芒。

# 第八章

# 新体演变

# 一、问道

人生于天地间，所追求的大道究竟是什么，是书法的登峰造极吗？是位极人臣吗？是为王称帝吗？虽然后来王羲之的字千金难求，但王羲之为官前后并不是靠给人写字卖钱养活自己。若想当大官，王羲之有强大的后台，王导在京都官居丞相，请求王羲之来京为官振兴王氏门楣，王羲之都一一拒绝了。

书法到了东晋王羲之时代，众体都已出现，章草在张芝手中发展成今草，楷书在钟繇手中发展成为官方的真书正体，篆体在丞相李斯手中荣登泰山刻石，隶书则逆袭成为全国官吏流行书体。

王羲之的眼中有百家之体，山不弃顽石，海能纳百川。王氏家族世代传承书艺大道，父亲、叔父的希望、家族的白眼和落井下石以及动荡社会的朝不保夕都让王羲之心里纠结，他意识到只能走自己的路。

从古至今，从事书艺的人士都明白一个道理，艺术其实是为人表达的。《诗·大序》曰："诗者，志之所在也，在心为志，发言为诗，情动于中而形于言。言之不足，故嗟叹之。嗟叹之不足，故歌咏之。咏歌之不足，不知手之舞之足之蹈之也。"人总有表达不了的情感，所以书艺也一样能承载人心厚重的力量。

钟繇之楷笔带隶书笔画的影子，王羲之改扁平的字体将楷书笔画在字形视觉上拉长。因为古人写字自上而下书写，取长势的字形给人以流畅妍美的气韵流动之感。在行书与楷书之间，王羲之打破这两者的界限，行书中带正楷笔法，正楷中带行书的连笔，让楷书舞动起来，让行书在流动中略带稳重。不仅如此，在张芝今草连绵一笔书的草书王国，王羲之将行书或楷书的用笔特点带进草书的世界，行草字体在王羲之的字帖里诞生。草书与行书泾渭分明的界限由此打破，字体的界限在王羲之的手中是杂糅在一起的，就像人生的颜色并不是单一的，有喜悦的淡绿，有悲伤的浅灰，有浓墨的离别，有无法言传的凝固。书法的底色是干净得一尘不染的宣纸，而人生的底色则是生离死别的悲伤和无奈。王羲之用笔在纸上书写自己的人生，笔落则一段旅程结束。

## 二、守丧归来

咸和九年，母亲和哥哥的三年丧期刚过，王羲之来到了武昌，此次是应征西将军庾亮之邀，入其幕府为参军。

参军是一个官品不高，有名无实权的官职，但王羲之不是为了给王导唱反调，或逢迎拍马庾氏家族，而是因为王羲之众多知己好友都在武昌。来到武昌登南楼，恰逢好友们都在吟诗咏唱。书法挚友庾翼第一个张开手臂来个熊抱，开口就索要最新的字帖，叔父王廙家的二儿子王胡之和小儿子王兴之走过来轻拍王羲之的肩膀，投之以微笑。

王羲之看到好友孙盛正与殷浩面红耳赤地辩论清谈，两人挥动着手中的拂尘。想到太原孙氏孙盛有董狐遗风，作《晋史》，极重史德。而殷浩识度清远，弱冠有美名，擅长玄言。王羲之笑着不语并未打扰两位。一旁的好友孙绰，字兴公，又开始自夸。只听到他自诩说自己是玄言诗中赋文写得最好的，赋文中佛学研究得最棒的，佛学中玄言诗做得最玄妙的。其他人闻之绝倒。

佛学中名僧道潜、之遁都是孙绰介绍给王羲之的。王羲之后半生与之遁成了莫逆之交，东晋名士崇尚清谈，将玄学与佛学放在一起辩论。之遁与久负盛名的王羲之见面喜不自胜，一旁的殷浩见王羲之到来，微微颔首，不再与孙盛辩论，边走边吟诵道："碧玉小家女，不敢攀贵德。感郎千斤意，惭无倾城色。碧玉破瓜时，相为情颠倒。感郎不羞赧，回身就郎抱。"

"逸少，你觉得这首情人碧玉歌如何？"殷浩坏笑着说。

"郎情妾意，妙不可言。"王羲之看看殷浩又看看孙绰。

众人听闻后朝着殷浩和孙盛吹起口哨，边鼓掌边狂笑。殷浩念诵的正是孙绰所做的情诗，殷浩拿这首诗打趣孙盛这个假装正经的史学家，王羲之把殷浩和孙盛比作诗作中的少年郎和小家碧玉。随后，大家围坐在一起畅所欲言。

时令晚秋，夜凉如水，夜幕笼罩时，众人闻得楼梯上传来脚步声，料定是庾亮这位主人公来了。只见庾亮带着十来个随从，众人都想回避，庾亮徐徐说道："诸君暂且留步，老夫对理咏这方面兴趣也不浅。"于是自己也坐下来，和大家吟诗谈笑，满座尽情欢乐。

后来，王羲之东下建康，和丞相王导谈到此事。王导说："庾亮（字元规）那时，气派不得不收敛一点。"王逸少回答："唯独丘壑之取还有。"当时王导与郗鉴当权，庾亮因为苏浚叛乱，自贬外地统领陶侃收复的武昌住地。庾亮时刻与王导争夺政治地盘。司马绍平定王敦之乱后英年早逝，明帝司马绍长子司马衍登基，史称晋成帝。

为了对抗分化建康的王导势力，外戚政权代表庾亮在武昌遥控朝廷，身为征西将军的庾亮紧锣密鼓地招兵买马，准备北伐收复中原。

远在建康的王导与太尉郗鉴同朝议，北方当权的是后赵石勒之子石虎，石虎残暴，荒淫无度。王导同样深知庾亮提出北伐的用意何在，拥兵来要挟皇权，以达到分化自己权力的目的。他担心王家还会出现一个王敦专政。王羲之岳父郗鉴认为，如果北伐中原，获胜的把握不大，因为距平定苏浚叛乱不过数年，国库空虚，军队战斗力不强，最关键的是国中并无良将，而北方的石虎连年作战，军队一直在战火中磨炼。东晋王侯贵胄真是怕了，刚过去的王敦、苏浚叛乱还历历在目。于是晋成帝听取了两位老臣的建议，下诏庾亮暂停移镇北伐。

庾亮只能作罢，身在京都建康的王导又一次召王羲之来京都为官，王羲之又一次拒绝他，而且在书信中发誓不去京城为官。王导深知王羲之在庾亮的幕府做个有名无实的参军，是想与好友相伴。

在庾亮提出北伐的同年，丞相王导病逝，东晋王室用天子礼葬之。王导辅相三世，一手扶植元帝司马睿建国，一手大义灭亲除宗亲族弟王敦，功过是非让后世史家去评说吧。

王羲之奔丧赶回建康。在王羲之眼里，堂伯父王导一直是老好人形象，他一直把“伪善”这个词贴在自己堂伯父脸上。无论怎样，琅琊王氏能有今天，这位老人功不可没，史学家孙盛亲自提笔书写墓志铭。同时，自己的岳父南昌公郗鉴也离世，王羲之亲笔为岳父墓碑题字。对于岳父的离世，王羲之深受打击。

在送走岳父的悲痛中，王羲之迎来了自己的第六个孩子，是个男孩。王羲之此时已经拥有五个儿子，一个女儿，王羲之与妻子在悲痛与喜悦之中共同抚育自己的孩子。因为连年征战，东晋在两年前才兴办学校、立太学，征招生徒。

几个月后，三巨头最后一位庾亮大病一场，临薨岁月，上疏举荐王羲之迁宁远将军，江州刺史。公元340年，庾亮也终于追王导、郗鉴而去。半年时间，东晋三大元老相继离世，朝廷陷入一片恐慌之中，庾亮之弟庾翼接过哥哥的担子走马上任。接连的打击使王羲之在写给庾翼的信中感慨道：“庾虽疾笃，谓必得治力，岂图凶问奄至。惋情深！半年之中祸毒至此，寻念相摧，不能已已！”

认识到人生苦短，必须走自己醉心的书艺之路。王羲之更加不愿在朝为官，一心要在书法的道路上走出自己的一片天地。此时的王羲之声名大噪，但是自己的书艺之道还有很长的路要走，虽名冠一时，但王羲之知道与前辈张芝相比，仍只能望其项背。

王羲之在建康停留之际，遇上了来自陈郡阳夏士族大家的谢安（字安石）。年少轻狂的谢家少年郎超尘脱俗，喜好清谈。一日，王羲之与谢安石同登冶城，他看着眼前面目清秀的谢家郎，看出其志在治国安邦，王羲之打算劝说他少点清谈，于是眺望着冶城感慨道："夏禹操劳国事，手脚都长了茧子。周文王忙到天黑才吃饭，总觉得时间不够用。现在战乱四起，人人都应该为国效劳。空谈荒废政务，浮辞妨碍国事，恐怕不是当前应该做的。"

谢安头也不回，眼睛深深地望着远方，回答道："秦国任用商鞅，可是秦朝只传了两代就灭亡了，这难道也是清谈所造成的灾祸吗？"

王羲之并未恼怒，而是对着幼小的谢安，述说庾亮策划北伐的国家大事。两人你来我往地谈着对眼前局势的理解与分析。王羲之从谢安口中得知他对眼前的北伐并未看好，整个东晋将少兵稀，而且庾亮年事已高，心有余力不足，接替他的庾翼求功心切，定会完成哥哥生前的意愿，甚至会违抗来自皇室的诏令一心北伐。可是，天时、地利、人和，东晋一个也没有，只能养精蓄锐，蓄势待发。

王羲之越与眼前的小青年交谈，越觉得此人定是东晋的一大贤才，甚至会超过自己的堂伯父王导，一心欢喜，遂引为知己。

王羲之告别这位隐居会稽东山的隐士，期待这位王佐之才出山的那一天。王羲之远赴江州担任刺史之职。王羲之见惯了生离死别，下定决心，一年后辞官去山阴与妻子重新购置房产，安家置院。

想着辞官归隐后可以与妻儿相伴，王羲之内心说不出的愉悦。脚踏江西之地，迎来了今年的第一场雪。想着山阴的老朋友，拿着手中的尺牍，他愉快地催墨提笔写下："羲之顿首，快雪时晴，佳想安善，未果。为结。力不次。王羲之顿首。"

王羲之一年后辞官返乡，江州刺史继任者为王羲之的堂兄王允之。庾氏家族与王家的矛盾在王羲之离任之后彻底爆发，先是豫州刺史庾怿以酒送江州刺史王允之，王允之以犬试饮，中毒而亡，庾怿畏罪饮鸩而亡。两家在王导与庾亮歿后开始争夺地盘，王允之改任会稽内史，到任而亡，死因不明，朝廷也不予声张。

咸康八年，成帝司马衍病亡。其同母的弟弟琅琊王司马岳即位，史称晋康帝。几年后，晋康帝病死。

东晋王朝在几年就更换一个皇帝的日子中喘息。康帝刚出生的皇子司马聃被任命为太子。

东晋的皇帝越做越年轻，会稽王司马昱以皇叔的身份作为执政者走上了历史的舞台，为了对抗崛起的恒温家族，他起用殷浩为建武将军、扬州刺史。司马昱想以吏部尚书、侍中等要职征召王羲之，但经历了公务烦冗之后，王羲之谢绝了司马昱的邀请，只是保留着宁远将军有职无责的职位，然后就一心扑在书法与家庭的生活中。

王羲之是要把想法变成现实的一位书艺家，他学钟繇并不死学其体势。人的秉性不同，强行模仿会闹出个画虎不成反类犬的笑话，钟繇的楷书擅长八面出峰。

王羲之携带贤妻幼子远离庾氏的政治集团，同样也远离建康的琅琊王氏，在会稽郡山阴购置田产。

# 第九章

# 短暂隐退

# 一、皇后临朝

王羲之远离了政治的尔虞我诈，回到了清闲的生活状态。此时的王羲之看着不知不觉间已经长大的孩子们，更无意于在朝做官。他与妻子隐居在山阴东山，苦练书法。

当时朝廷已开始历史上第一次皇后垂帘听政，事情还得从头说起。明帝诛灭王敦之乱，染病而亡，托孤于王导、庾亮等人。幼帝司马衍登基为成帝，闻听河南禹州褚蒜子出身名门望族，小女大方优雅，貌美如花，便诏进宫内介绍给了弟弟司马岳作为妃子。

司马岳与自己这位妃子恩爱无比，如果司马岳做一个闲散王爷也不会被载入史册，可历史并不是按照人的意志走的，成帝死后并未传位给自己的儿子司马丕。年幼的司马丕没有多少怨言，自己的叔父司马岳登基成为东晋第四位皇帝，史称康帝。两年后，病死。褚蒜子由皇后直接变成了太后，而且是最年轻的太后。公元345年，太后怀抱自己的儿子司马聃接受百官朝贺，改年号为永和，东晋进入太后垂帘听政时期。

作为明帝的岳父，庾亮与失去王导的琅琊王家开始了日趋激烈的政治斗争。失去王导的琅琊王家一蹶不振，王家在京城再无军权。王羲之作为尴尬的中间缓冲带，游走在王家的呼唤与庾亮的重用中。庾亮之弟庾翼深知王羲之醉心于书艺大道，并未强留他在军中继续担任参军。王羲之辞去江州刺史后，归隐山阴。虽然身在外，人却一直关注庾翼的动向。

果然，正如谢安所言，庾翼策划北伐，朝廷众臣反对者居多，庾翼违抗诏令北上湖北襄阳，意图打开北上局面，朝廷只能下诏加封庾翼为都督，征讨诸军事。王羲之闻讯书信寄语庾翼道："一昨的安西（安西将军庾翼）六日书，无他，无所知说，故不复付遂。《让都督表》亦复常言耳。"

建元二年，康帝司马岳病亡，太子司马聃即位，庾翼北伐的脚步暂停，壮志未酬的庾翼大病不起，于永和元年病殁。因为幼帝太小，此时的东晋皇室吵得乱成一锅粥。当时的司徒蔡谟等人上奏说："嗣皇诞哲岐嶷，继承天统，率土宅心，兆庶蒙赖。陛下体兹坤道，训隆文母，昔涂山光夏，简狄熙殷，实由宣哲以隆休祚。伏惟陛下德侔二妫，淑美关雎，临朝摄政，以宁天下。今社稷危急，兆庶悬命，臣等章惶，一日万几，事运之期，天禄所钟，非复冲虚高让之日。汉和熹、顺烈，并亦临朝，近明穆（指明帝后庾氏）故事，以为先制。臣等不胜悲怖，谨伏地上请。乞陛下上顺祖宗，下念臣吏，推公弘道，以协天人，则万邦协庆，群黎更生。"

褚太后下诏曰："嗣主幼冲，宜赖群公同心夹辅，今既众谋佥同，恳切上词，当勉从所请，暂遵先后故事。"

于是，众大臣请出皇太后褚氏怀抱两岁的穆帝司马聃，设白纱帐于太极殿临朝，诏皇叔会稽王司马昱为抚军大将军、录尚书六条事执政。而谯国桓氏代表人物桓温登上历史舞台，作为明帝的驸马。蛰伏日久，眼下时机成熟，桓温接替庾翼成为安西将军、荆州刺史。司马昱也深知孤掌难鸣的道理，为了预防另一个王敦的出现，他重用郗鉴的两个儿子，王羲之妻弟郗愔之子郗超为抚军掾，郗昙为抚军司马。皇太后褚蒜子之父褚裒推荐殷浩为建武将军、扬州刺史。

作为国丈的褚裒夹杂在几个世家大族之间，如履薄冰、战战兢兢。周旋于几大家族的旋涡中，褚裒一心寻求到外地发展，坚决不在京都任职。朝廷不许，褚裒改迁兖州刺史。褚裒深知皇室处处有杀机，从皇帝短命换代的频率来看，说不定哪天睡梦中脑袋就掉了。

司马昱起用褚裒之妻谢真石的宗亲谢万（谢安之弟）为抚军从事郎。谢安屡次被诏屡次拒绝，于是携带侄儿谢玄隐居山阴东山等待时机。司马昱听闻谢安在东山隐居蓄养歌姬，心中大悦，对众人说道："谢家安石日后定会出山，他既然会和人同乐，也就不得不和人同忧。"而且，谢氏子弟中哥哥谢奕，弟弟谢万，堂兄谢尚都是身居高官，富贵一时，谢安名声大噪，布衣之身不会太久。

王羲之虽然在外，却仍然关注局势。他辞官后并未久留山阴家中，因为多年勤习书法，他意识到自己的书法之路到了瓶颈，便告别善解人意的妻子郗璇，离开膝下围绕的孩子们，只身北上，遍访名人碑刻，寻山问岭而去。

其实，王羲之心中还有一件大事让他抽身官场，那就是从小埋藏起来的父亲的信息。而且母亲与哥哥的坟墓仍然在临川旧地，这两件事就像块石头堵在胸口，让王羲之不得不离开会稽山阴温暖的家。

正当王羲之置身一片山林中，到民间一处坟碑观看时，东晋朝廷已大变样。大将军桓温自比王敦，与司马昱等人争论，年轻的太后褚蒜子被一群大家族扶植成傀儡，痛苦不已。自己的父亲势单力薄，一心避难在外为官，谢氏子弟还未掌握军权，在朝廷上的能量微乎其微，庾氏残余的政治力量与王氏混乱争斗。这位太后自从康帝病故便成了守寡之人，一心求诸佛法，企图远离这片政治乌云。可命运仿佛跟她开玩笑，不仅让她垂帘听政，而且一次次让她走上政治舞台。褚蒜子先后三次垂帘听政，维持着风雨飘摇的东晋王朝。

# 二、桓温与殷浩

政坛犹如戏台，你方唱罢我登场。东晋的北伐之路历经坎坷仍然看不到希望，庾翼出师未捷身先死，举荐自己的次子为荆州刺史。朝廷推迟批复，等到庾翼一命呜呼，有人举荐桓温镇守荆州。提起桓温不得不从他的父亲说起。

桓温父亲桓彝为宣城内史，喜得贵子，王羲之的姑父温峤坐客其中。温峤感叹孩子有奇骨，闻其啼声洪亮，桓彝因自己的孩子被温峤欣赏，于是将儿子取名桓温，温峤笑着说道："移姓为名，此后我将移易姓呢。"后来，苏浚率领部将起兵造反，桓彝为苏军部下韩晃所害，帮凶是江播。桓温失去了父亲，发誓要为父亲报仇雪恨。温峤平定苏浚余孽叛乱，江播实施投降战术躲过一劫，而且随时戒备。桓温无机可乘，眼见杀父仇人江播逍遥法外，桓温苦等时机。三年后，江播病死，桓温再也不等了，假装成吊唁的来客，手持利刃，挥刀砍死江播子嗣三人，随即向朝廷自首。

东晋朝廷闻其缘由，嘉奖其孝行，不加论罪，桓温一时得名。还有一则故事说明桓温性情。桓温自从丧父后，家道中落，为父报仇后，他钟情赌博，有一次输得很惨，债主催账，桓温无力偿还，告知好友袁耽。袁耽英俊豪迈，多才多艺，赌技出名，桓温把自己的境况告诉袁耽，但当时的袁耽正在三年守孝期，于是改头换面，去和债主赌博。袁耽大赢，桓温得以脱困。

桓温自恃自己是个豪爽不羁、睥睨一切的人物，成年后，迎娶明帝尚公主，庾翼病殁，累任至荆州都督，手握重兵。他想着干一番事业，彰显自己的威风，豪赌成性的桓温把目光投向了蜀国李势。桓温想轻兵孤军袭蜀国，上报朝廷后，不等朝廷回复，就领军西行。

晋廷接到桓温上表，考虑桓温兵少冒进，孤军进入天险之地，恐难成功，唯有丹阳尹刘惔料定桓温必能伐蜀成功。众人不解问何故，刘惔笑曰："桓温素好赌，今日伐蜀，与博相似，若自知不胜，如何肯行？但恐桓温既胜蜀，未免专恣，倒是朝廷隐忧。"

桓温克蜀，震动朝野，朝廷加封桓温为征西大将军，开府仪同三司，会稽王司马昱为了制约日益膨胀的桓温，提拔与桓温齐名的殷浩为扬州刺史，兼建武将军。桓温声势如日中天，对于来自朝廷的牵制暂且容忍。

作为王羲之的好友，殷浩梦想的政治生涯终于徐徐展开，因为殷浩曾隐居十年不愿出仕做官，现在时机成熟，朝廷怕桓温独大无法掌控，得到司马昱的提携，殷浩上场。

殷浩少有"清谈"美名，每次清谈玄理都与人争辩得面红脖子粗。有一次，史学家孙盛来殷浩家做客，席间两人开始佛理与玄学的辩论，两人你来我往，旁人一句都插不上嘴，左右的人端上饭菜也顾不得吃，凉了又热，热了又凉，来来回回好几次，最后殷浩指着孙盛的鼻子说道："你不要做犟嘴马，当心我穿你的鼻子！"孙盛不甘示弱回应道："你没见过蹭破鼻子的牛吗，当心会有人穿你的腮帮子！"

还有一则故事讲殷浩升迁刺史后的生活境况。殷浩当任时，遇上南方水灾，粮食欠收，吃饭时作为一家之长，想给大家做个好榜样，如果饭粒掉在盘子里或座席上，他马上捡起来吃。而且餐桌上没有荤菜，他告诫孩子们："不要因为我担任一个州的长官，就认为我把平素的生活习惯抛弃了，现在我的这种习惯并没有变，贫穷是读书人的常态，怎么能做了官就丢掉做人的根本呢！你们要记住我的话！"

就在殷浩准备大干一场时，他的父亲殷羡病故，辞官守孝三年，朝廷派人代管扬州。蓄势待发的殷浩身穿孝服，在父亲墓地旁边建了一间草房，就在田间地头自耕自足，仿佛又回到了自己隐居时的日子。他经常想起隐居东山与朋友畅意山水的日子，于是提笔给王羲之写几封书信。

# 三、灵柩归来

此刻的王羲之蹲坐在野外，眼前是一块墓碑，四野之处唯有这一座孤坟。王羲之盯着眼前墓碑上的文字，细细思量着，身为一位士族子弟求学书法，而民间大量的庶族还在水深火热的生活中，自己何其有幸得遇到书艺一途。

王羲之看着眼前的墓碑沉默不语，起身离开，头也不回地走了。他忽然想起自己很小的时候，农历除夕，父亲携带哥哥和自己去祖坟祭祀。根据琅琊郡的世俗，过年的当天男子要携带男眷子嗣去祖坟上供、磕头。琅琊郡仍然流传着王祥和王览的传说。自己琅琊一脉俨然已经远离祖上，王羲之跟随父亲南渡后已经过去几十载，无论是祭祖还是寻找父亲的遗骸，都已经让王羲之从一个木讷的孩子长成了中年人。

果然，皇天不负有心人，不久前，乡里人透过王导之子王恬捎来消息，王旷找到了，但是回来的是一具棺椁。王羲之把这份悲痛写在《建安帖》中："四月五日羲之报，建安灵柩至，慈荫幽绝，垂卅年，永帷幕，痛彻五内，永酷奈何。无有言告，临纸摧哽。羲之报。阴阳两隔。"

得知消息后，王羲之去琅琊郡祖坟祭祀一下，烧纸告知祖先琅琊一脉中的一支要迁坟会稽。

迎回了失散几十年的父亲，王羲之马不停蹄地赶赴临川，将母亲和哥哥的灵柩重新开土迁坟。王羲之身穿孝服，大喊一声："母亲，哥哥，父亲回来了，我们一起回家！"

灵柩安葬在会稽山阴之地，王羲之多年的夙愿得以实现，心中的阴霾和积怨如同一片片积云被风吹散。王羲之带着自己几位儿子跪在坟前，诵念着自己为父母、哥哥写的祭祀悼词，许久干枯的眼睛像被雨打湿了一样……

安定下来的王羲之身心通透许多，如今他仿佛找到了自己的根，想着即使百年后有家人和爱人陪着也是一件幸福的事，自己和哥哥不是一直希望守在父母身边吗？如今王羲之已经成功地迈出了第一步，父母和哥哥已经团聚一处，眼下的任务就是自己这几个孩子的婚嫁事宜。

长子王玄之，字伯远，俨然成了一个大小伙子，受父亲影响，在书艺上喜爱草隶。安徽庐江何氏有女初长成，王羲之的长子迎娶庐江何氏女为妻。

无论何时，夫妻双方的第一个孩子都愿意围在父母身边，性格上会更随和，在依恋程度上，长子都像是父母的衍生品。王羲之独来独往像只独狼，只有在妻子和孩子面前才能找到自己的归属。自从自己脱离乌衣巷王氏，王羲之不再以在朝的王氏自居，他走的是自己书艺之路。自从父亲官场失意，他拒绝了来自建康的任何邀请。

王羲之问心有愧，一直沉浸在自己书法世界里，的确忽略了众多孩子，但忽略更多的是与自己不离不弃的妻子郗璇。

王羲之并未像东晋士族大家那样娶妻后又纳妾数人，他一生与妻子郗璇相伴。两人的感情日久弥深，妻子仿佛就是上苍派来挽救王羲之破碎家庭的天使。两人共同钻研书法，郗璇的书法在自己的两个弟弟之上，乱世相逢，结为伉俪，王羲之得妻如此，夫复何求！

妻子郗璇二子王凝之（字叔平）沉迷天师道教，每天身穿道袍，着道冠，手握拂尘，日习草书，也是为了道教画符打基础，每天服丹行散。成年后他出任江州刺史，王羲之经好友谢安为凝之选妻谢奕之女谢道韫。唯一的女儿王孟姜嫁余杭刘氏刘瑾，生女儿嫁给谢玄之子谢瑍，谢瑍育有一子谢灵运。

永和二年，王羲之安顿好家里的婚嫁和墓地等事，抽身前往临安西山。在王羲之生命中一直有个隐居的朋友，不为世俗所累，一生喜好升仙之术，他就是丹阳许迈，字叔玄。

自秦始皇派徐福东游大海寻仙药求长生后，国人得道升仙的欲望就从未停止过，土生土长的道家在东汉黄巾起义中得以在民间广泛传播。琅琊王氏家族信奉张氏道教，也就是天师道，后世称它为五斗米教，因为入教拜师最起码的规矩和礼节就是收五斗米。

东汉黄巾起义之后，天师道并没有销声匿迹，而是在民间广为传播，恰逢三国乱世，让这份求仙得解脱的道家开始走向千家万户。

许迈就是其中游离人间的修道之人。

王羲之在修道的路上得益于许迈的教导与指引，后来又结识天台山紫真道人。可以说，紫真道人既是王羲之在道家上的半个师傅，又是他后半生的书艺恩师。

短暂的隐居生涯让王羲之不仅完成多年的心愿，了却前半生心中最大的心结，看着几个儿子成家立业，心中也算对父母有了个交代。

看着风雨欲来的朝廷，王羲之频繁地与朝廷诸子通信问候。

不久之后，一场长达数年的北伐战争拉开了序幕。

# 第十章

# 政治生涯

# 一、政治生涯

王羲之与妻子忙着孩子的儿娶女嫁，扬州刺史殷浩三年的守孝期已到，恢复官职，得知朝廷频召王羲之委以重任，王羲之皆不就。

殷浩作为王羲之的好友当然明白他推脱的理由，等到王羲之将会稽的墓地迁移工作完成后，就给王羲之写信："悠悠者以足下出处足观政之隆替，如吾等亦谓为然。至如足下出处，正与隆替对，岂可以一世之存亡，必从足下从容之适？幸徐求众心。卿不时起，复可以求美政不？若豁然开怀，当知万物之情也。"

王羲之遂报书曰："吾素自无廊庙志，直王丞相时果欲内吾，誓不许之，手迹犹存，由来尚矣，不于足下参政而方进退。自儿娶女嫁，便怀尚子平之志，数与亲知言之，非一日也。若蒙驱使，关陇、巴蜀皆所不辞。吾虽无专对之能，直谨守时命，宣国家威德，故当不同于凡使，必令远近咸知朝廷留心于无外，此所益殊不同居护军也。汉末使太傅马日磾慰抚关东，若不以吾轻微，无所为疑，宜及初冬以行，吾唯恭以待命。"

王羲之放下心中积攒的愿望，如今孩子们都已经陆续长大成人。小儿子王献之对书法的兴趣和天赋犹如幼时的王羲之，夫妻两个人喜出望外。对于孩子们的教导，妻子郗璇并不过多干涉他们的天性，喜欢书艺做母亲的就教导他。虽有七子，大家却各不相同，对于老来得子的王羲之而言，王羲之真是倾注自己大量心血。在答应殷浩之后，他为自己的最小的儿子挥毫写下正楷《乐毅论》，希望自己的小儿子以此为蓝本钻研书艺，并在《笔势论十二章并序》中循循善诱地劝慰道：“孩子，我察觉你学书艺的悟性超过常人，但是现在你的水平没有娴熟与规矩，父亲不能亲自教自己的儿子，自古就有这种说法，现在我著述《笔势论》一篇，来启发你学习的悟性。这里论到的字势，共十二章，每一章都有它的意旨，定下它的标准、楷模，并且详细指出书艺经常出现的错误，摘下它最重要、最实际的东西……父亲给你《乐毅论》帖，是我所书，为家传之宝，学这个能助你成功，其他各体也就容易学到了。最后不要以为难学而自己懒惰起来。”

对于小儿子，妻子更是喜爱有加，郗璇每天看着眼前的儿子临习书法，仿佛能看到自己夫君小时候的影子。幼小的王羲之也是这般在他母亲身旁练字吧？那时候的王羲之心中应该充满了惊慌和愤恨，当王羲之像他小儿子这般年纪时，正沉浸在失去父亲的悲怆之中。但正是这种力量让自己的夫君在书艺之途上坚定地走下去，作为王羲之背后的女人，郗璇默默关注着自己夫君与日俱增的功力，不知不觉间郗璇感觉自己夫君的瓶颈在这几年中突破了，世人等着看吧，逸少会带给大家怎样的惊喜！

永和四年，殷浩守丧期满，复任扬州刺史，参与朝政。会稽王司马昱把殷浩引为心腹，擢王羲之为护军将军。

王羲之终于又出仕，发布《临护军教》：“今所在要在于公役均平。其差大吏忠谨在公者，覆行诸营，家至人告，畅吾乃心。其有老落笃癃，不堪从役，或有饥寒之色，不能自存者，区分处别，自当参详其宜。”

护军将军，是当时的四品军职，主管全国武官的选拔任用。与领军将军一起，共同统率中央军队。这即是他多年来从政关心体恤下属的表现。

刚过中年的王羲之书法渐入佳境，人生最辉煌的书法精品从此刻诞生。

此时的王羲之将自己毕生所学融会贯通，点画裁剪或取隶书笔法融于正楷，或取行书之势装点真书，将字体几十年磨一剑，俨然成妍美之姿，顾盼摇曳，浑然天成。

而来自朝廷的暗流会将王羲之推向何方呢？王羲之会如愿做右军将军多久呢？来自桓温与殷浩的争斗给出了答案。

永和五年，北方后赵皇帝石虎亡，他的子嗣为了争夺皇位开始夺位战争。来自后赵的战乱让偏安南方的东晋朝臣激动，趁他乱，北伐啊！来自桓温的奏疏第一时间摆到垂帘听政的皇太后褚蒜子面前，会稽王按压上疏表久不回应，此时有人出了一个相当损的点子让其北伐，这个人不是司马昱的心腹殷浩，而是当今皇太后的父亲。作为皇太后的褚蒜子根本无实权，这位老人一点也不含糊，率众三万北伐，打得后赵乱军措手不及。初战大胜，鲁郡旧地数以千计的士民来归降，朝廷一边安抚招纳他们，一边筹集兵力对抗来自后赵的征南大军。

这位老人看着从北地而归的百姓反而愁眉苦脸，他深知，此战胜利是正常的。后赵的虎狼之师如果把矛头对准东晋这些残兵败将，结果定会大败。果然，后赵兵马面对东晋的突然袭击迅速反击，东晋退兵广陵，而那些归降的大批民众在兵荒马乱中死亡殆尽。褚裒忧愤发病，上疏乞求自贬，几个月后病殁，撇下自己女儿褚蒜子和外孙撒手人寰。

王羲之写信致以哀悼，面对朝廷日益衰败的局势，王羲之想到一个人可以力挽狂澜，那就是隐居在东山的谢安石。

司马昱重用殷浩，牵制桓温，以扬州刺史殷浩为中军将军，督扬、豫、徐、兖、青五州诸军事，与桓温控制的西蜀武昌地区形成东西制衡。当初在会稽封地时，王羲之作为司马昱“王友”，几乎是看着这个小王爷长大的，深知司马昱有几斤几两。好友殷浩从隐居提高知名度到熬到五州都督，与桓温平分秋色。殷氏并不像琅琊王氏那样声名显赫，其父亲也只是小官，可以说殷浩是从底层走出来的士族。殷浩与桓温自小相识，两人关系相当不融洽，桓温为父报仇荣登驸马，又颠覆蜀国，一时功高自比为王敦；司马昱摄政向殷浩倾斜，北伐的重担落在了司马昱和殷浩身上，桓温被排挤在外。朝堂上桓温问殷浩：“你和我相比，谁更强？”殷浩瞅了桓温一眼，边走边说：“我和自己长期打交道，宁愿做我自己。”

桓温在朝廷暂时失势，自己在外雄霸一方，但是北伐的事情不是自己一意孤行就行，粮草军饷怎么可能是一个人就能解决的呢？眼见着殷浩得势北伐，桓温也只能忍气吞声。在桓温眼中，除了自己可以胜任北伐的艰巨任务，其他人只会大败而回，而且这么显赫名声的事怎么会落在殷浩这穷酸人手中。为了壮大自己的兵力，桓温想到一个绝妙的点子。当时的东晋疆域狭窄，而北方吴地的贵族占据大量土地，世家大族大量庇佑人口，永嘉南渡而来的侨民、流民又不编入户籍，只是作为士族的附庸，不用向朝廷缴纳赋税。这一点严重影响东晋的财源与兵源，为了增加国家的财政收入，东晋大丞相王导带头穿上粗布制成的官服上朝，带头勤俭节约，众人以为这是最近流行的一种新颖潮流，于是跟风学着王导穿衣的样子。但这治标不治本，成帝咸和时，东晋朝廷开始实行“土断”，即把侨民从白籍转入黄籍，从士族手中夺过来大量侨民，并将其纳入东晋朝廷的正式编户，然后纳税服役。

但是，这一政策根本就是士族在执行，大家都只是睁一只眼闭一只眼地执行，大家都不会砍掉自己手中的油水来贡献给朝廷。

咸康七年，朝廷又一次对编户制度进行改革，这是怀柔的策略。按往年的惯例，侨居江左的王公庶人皆为临时户口，而现在均以“土著”为准，一律立为当地正式户籍。

桓温深深地知道，即使这样国家财政也是岌岌可危，仍然有显赫的官僚贵族隐匿大量户口。此时，并非桓温为东晋朝廷考虑，而是出于扩大自己兵力的考虑。

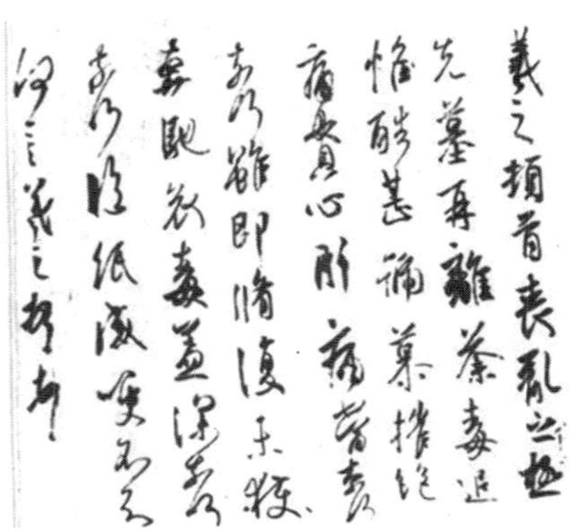

丧乱帖

桓温上疏朝廷，自己要大规模实行土断，做出表率为国家扩充兵力，稳固大后方。于是桓温在殷浩等人积极筹备北伐时，在自己封地实行土断，整顿户籍。朝廷仿效，一时间，东晋也暂时收到大量兵源和财源。

此时，王羲之知道国家北伐之事势在必行，没料想又一次上了贼船，朝廷利用自己的名声来稳固势力，王羲之也眼看着桓温与殷浩摩擦，劝告殷浩与桓温缓和矛盾，以大局为重，效仿战国蔺相如和廉颇，桓温在外，殷浩在内，唯有内外协和，国才能安定。殷浩如今“扬眉吐气”地问了一句：“为什么不去劝说桓温？”

王羲之又一次看到权力不仅滋长人内心日益膨胀的欲望，而且会夸大自己的能力，身居高位不代表就是你真有与之相匹配的能力。王羲之不堪忍受这种朝堂，下定决心再次离开建康这个乌烟瘴气的是非之地，向朝廷提出自己要去地方任官。

人各有志，王羲之不会阻挡他人追求自己的显赫官宦之途。恰逢会稽王司马昱的封地会稽内史王述丧母，王述去职守丧（整个东晋依然保留着东汉儒家礼仪的守丧之礼），于是，朝廷在司马昱的建议下让王羲之出任会稽内史。

## 二、小人得志

王述并不是第一次出现在王羲之的视线里，虽然王述并不是琅琊王氏这一脉的王姓后人，但是他的出身正是之后与王羲之矛盾不断的导火索。

王述，字怀祖，太原晋阳（今山西太原市）人。王述年少丧父，承袭父爵蓝田侯，出身太原王氏的王述与出身琅琊王氏的王羲之渊源颇深。因为在山东的儒家文化和世族崛起的年代，为了彰显自己世族大家的名门出身，开始追根寻源认祖归宗整理家谱，琅琊王氏的祖籍出身于王祥、王览两兄弟，而王述的父亲祖籍则与太原王氏同出一处。家族的世代更迭让琅琊王氏在东晋声名鹊起，而魏晋的太原王氏已经开始没落，最重要的是大批北方土地落在后赵石勒手中，偏安江左的东晋势单力薄而且长期处于君轻臣重的尴尬局面。数次北伐未果，在琅琊王氏未南渡前，太原王氏与琅琊王氏因为家谱之主有过不和的局面，每一方都觉得自己才是王氏正宗的代表，强烈的虚荣让他们明争暗斗，而当时的王羲之常年多病，时常昏迷不省人事。来自太原王氏的人时常与琅琊王氏走动，作为同姓同宗的两个王氏派系，家族间的貌合神离互相贬低时常发生。但是，当时的西晋朝廷仍苟延残喘，而司马睿也只是琅琊王，琅琊王氏还未崛起，被人冷落的王氏小辈王羲之也是与王述见过面的，几乎是同龄的王述与王羲之有过摩擦。对于几岁的孩子而言，究竟什么样的摩擦会让王羲之记这么久呢？

王羲之并不是小肚鸡肠的人，而是有些宗亲他不想深交。在同一个世界过着自己的生活，来自世俗的约束和舆论真的不是那么重要。王羲之的病症拿到现在说像极了癫痫，所幸长大后没有复发过，只是时常头痛。王羲之小时候的寄托就是在琅琊旧地府邸观赏自己家中池塘的白鹅浮水。王述也算是王逸少的玩伴，可王述性子急，说话更直接，完全不顾及他人感受。一个孩子傻乎乎的、憨直，一个孩子内敛、不爱说话，王述嘲笑王羲之只有山野间的村夫才会喜欢白鹅，因为炖着吃比较香。幼小的王羲之从心底讨厌这样的玩伴，而且当时的琅琊王氏比不过太原王氏，看着大人们趾高气扬地点评这个那个，王羲之直接选择无视，也因此给他们留下木讷寡言的印象。而且，自己患有癫痫毛病的事情他们绝对知道，这世上都是好事不出门，坏事传千里，深深的自卑感让王羲之厌恶亲戚之间的往来，更是讨厌同为王氏的王述。

后来，王述早年丧父，与母亲相依为命，家境开始衰落。西晋在八王之乱中残破不堪，匈奴首领刘渊起兵动乱中原，流离失所的王述来到东晋王导门下，求得宛陵县县令。也许是多年的贫困生活导致王述穷怕了，一上任他就开始收受贿赂，为官不到一年就收了不下一千次贿赂。王导得知此事也十分惊讶，但他并没有拿下王述，而是劝告王述不要再这样了。东晋的朝廷在王导“镇之以静”的宽松政策下培养了大批贪官，上至皇亲贵胄，下至小小的县令。可想而知，下层的流民或者当地的百姓被围在一大批这样的官员中间是怎样的情景。当贪污变成一件稀松平常的事情，当做官成为捞钱的一种手段，这样的东晋朝廷离倒台不远了，王述也知道贪污的影响不好，却还厚着脸皮说道：“捞够了自然就不捞了。”

# 三、会稽内史

会稽内史，也就等同于会稽的刺史一职。作为司马昱的大后方，王羲之一方面担任右军将军，一方面着手治理会稽内政。

每一次出行归来，王羲之都像是一只倦鸟。回到离家乡不远的会稽府邸，山阴县令丘某前来祝贺探望，好友孙绰不久前举家迁到会稽山阴，谢安石早已携带妻儿和歌姬卧在东临会稽的东山筑庐蛰居数年。回到与山阴县毗邻的会稽，有亲朋好友相聚一堂，王羲之压抑的心情得以好转。

王羲之得知殷浩已经率兵北伐，而此时北方的局势真的可以说是水深火热，石虎养孙冉闵起兵伐后赵，成立冉魏政权，后赵完结于汉人之手。东晋朝廷作壁上观，看着冉魏与后赵军队打得不亦乐乎，殷浩趁机北上，想来个浑水摸鱼，将两方人马一网打尽。可殷浩高估了自己，低估了对方。后赵新登基皇帝石祗派出的是姚襄，他身高八尺五寸，雄健威武，能征善战，殷浩的兵败是板上钉钉的事。初次北伐就吃个败仗，殷浩觉得自己颜面无存，修书一封，要从大后方调兵征集粮饷，意图复仇再战。王羲之接到殷浩的信件，回复殷浩曰：

知安西败丧，公私惋怛，不能须臾去怀，以区区江左，所营综如此，天下寒心，固以久矣，而加之败丧，此可熟念。往事岂复可追，愿思弘将来，令天下寄命有所，自隆中兴之业。政以道胜宽和为本，力争武功，作非所当，因循所长，以固大业，想识其由来也。

自寇乱以来，处内外之任者，未有深谋远虑，括囊至计，而疲竭根本，各从所志，竟无一功可论，一事可记，忠言嘉谋弃而莫用，遂令天下将有土崩之势，何能不痛心悲慨也。任其事者，岂得辞四海之责！追咎往事，亦何所复及，宜更虚己求贤，当与有识共之，不可复令忠允之言常屈于当权。今军破于外，资竭于内，保淮之志非复所及，莫过还保长江，都督将各复旧镇，自长江以外，羁縻而已。任国钧者，引咎责躬，深自贬降以谢百姓。更与朝贤思布平正，除其烦苛，省其赋役，与百姓更始。庶可以允塞群望，救倒悬之急。

使君起于布衣，任天下之重，尚德之举，未能事事允称。当重统之任而丧败至此，恐阖朝群贤未有与人分其谤者。今亟修德补阙，广延群贤，与之分任，尚未知获济所期。若犹以前事为未工，故复求之于分外，宇宙虽广，自容何所！知言不必用，或取怨执政，然当情慨所在，正自不能不尽怀极言。若必亲征，未达此旨，果行者，愚智所不解也。愿复与众共之。

复被州符，增运千石，征役兼至，皆以军期，对之丧气，罔知所厝。自顷年割剥遗黎，刑徒竟路，殆同秦政，唯未加惨夷之刑耳，恐胜广之忧，无复日矣。

王羲之苦口婆心地劝说殷浩后方百姓不堪重负，眼前的局势不宜北伐，奈何失败的殷浩听不进去。

并不是王羲之苦于为政，难以强迫百姓上缴赋税。征兵光复中原是男儿志向，但是，行军打仗不是一朝一夕的事情，国力亏空，难民成灾，逃亡税役的人几乎成了盗寇。朝廷一方面需要调兵北伐，一方面作为地方官又需要兵力维持治安，打击由逃兵流民组成的盗寇。

王羲之上疏喜好清谈的会稽王司马昱：

古人耻其君不为尧舜，北面之道，岂不愿尊其所事，比隆往代，况遇千载一时之运？顾智力屈于当年，何得不权轻重而处之也。今虽有可欣之会，内求诸己，而所忧乃重于所欣。《传》云：“自非圣人，外宁必有内忧。”今外不宁，内忧已深。古之弘大业者，或不谋于众，倾国以济一时功者，亦往往而有之。诚独运之明足以迈众，暂劳之弊终获永逸者可也。求之于今，可得拟议乎！

夫庙算决胜，必宜审量彼我，万全而后动。功就之日，便当因其众而即其实。今功未可期，而遗黎歼尽，万不余一。且千里馈粮，自古为难，况今转运供继，西输许洛，北入黄河。虽秦政之弊，未至于此，而十室之忧，便以交至。今运无还期，征求日重，以区区吴越经纬天下十分之九，不亡何待！而不度德量力，不弊不已，此封内所痛心叹悼而莫敢吐诚。

…………

殿下德冠宇内，以公室辅朝，最可直道行之，致隆当年，而未允物望，受殊遇者所以寤寐长叹，实为殿下惜之。国家之虑深矣，常恐伍员之忧不独在昔，麋鹿之游将不止林薮而已。愿殿下暂废虚远之怀，以救倒悬之急，可谓以亡为存，转祸为福，则宗庙之庆，四海有赖矣。

发出的书信犹如石沉大海，王羲之叹惜不已。对于朝廷的默默无声，王羲之开始展现自己励精图治的吏治才能。

东晋自建国后，天灾人祸就如影随形，不是西蜀那边传来地震的噩耗，就是南郡不期而遇的暴雨淹没土地。王羲之所属的会稽郡东临大海的几个小县城报出饥荒噩讯。

这可真是祸不单行，不仅北伐行军需要粮草，眼前的饥荒更像一匹饿狼虎视眈眈地望着王羲之。

如果眼前的难关不及时解决，王羲之深知会有更多的士兵或者百姓直接摇身一变，变成更令人头疼的盗贼甚至会起兵造反，没有比饥荒更能让人忘乎所以的事情。世界上所有的刑罚都比不过挨饿，为了一口饭，律法和生命都可以忽视，横竖都是死，没有人愿意挨饿致死。

王羲之上疏朝廷，下拨粮食根本就不会有任何好消息传来，反而传来的是加重徭役以补贴军队的粮饷。这无疑更使王羲之雪上加霜。

会稽郡聚集着越来越多的灾民，他们衣衫褴褛沿街乞讨，此时的王羲之做了一个相当大胆的决定，这在当时可是造反的罪名。

管不了这么多了，王羲之打开国库救济灾民，才稳定了可能暴动的灾民。

对于王羲之的开仓赈灾，朝廷也只能睁一只眼闭一只眼。此时的王羲之根本就没有任何喜悦，因为通过开仓赈灾，他发现一个更为严重的问题，那就是贪污腐败。

国家的粮仓监督人员监守自盗，盗取官米数以万计。王羲之准备巡查下属十个县城。

王羲之举起了铡刀砍向了那些贪官污吏，竟然有人在国难当头偷取官米牟取私利，这边开仓赈灾，那边偷取成风。偷取官米成了一些人发家致富的途径。

很多时候铡刀比警告有作用。王羲之这边的铡刀落下，盗取官粮的风气就灭了。通过惩治贪官污吏，王羲之发现一个更可悲的现象。

余姚县令盗取十万斛官粮不是为了中饱私囊，而是为了行贿朝廷士族皇亲大臣以求升官，跻身士族大家行列，光耀门楣，摆脱寒门出身的生活。出身琅琊王氏的王羲之第一次认识到自己的出身对于他们来说已经是遥不可及的追求。

# 第十一章

# 北伐噩梦

# 一、郡县之弊

对于王羲之来说，身为会稽内史，如果只是混官场，求得平稳并非难事，吏治治理之复杂程度令人咂舌。

身心疲惫的王羲之提起兔毫笔，向谢安表述此刻的疲惫。

此郡之弊，不谓顿至于此。诸逋滞非复一条。独坐不知何以为治，自非常才所济。吾无故舍逸而就劳，叹恨无所复及耳。夏人事请托，亦所未忽，小都冀得小差，顷日当何理。

王羲之向谢安陈述国之弊端，那就是漕运。东晋北方大片疆土已失，举国货物和辎重皆仰赖于漕运，因为南方山路偏多，且受恶劣天气影响，水路是最理想的运输方式。但东晋就像扶不起的阿斗，不死不活地运作着，国家各种官吏间繁文缛节形式化办公，破费以万计。

经过土断之后的郡县越分越细、越划分越小，各个郡县之间职责不分，一群官吏共同治理一个小县城，政令多导致为法不一，臃肿冗多的官员闲散无事，滋生蛀虫。

想到此次国家大举实行北伐军政，王羲之在信中接着陈述道："自军兴以来，征役及充运死亡叛散不反者众，虚耗至此，而补代循常，所在凋困，莫知所出。上命所差，上道多叛，则吏及叛者席卷同去。又有常制，辄令其家及同伍课捕。课捕不擒，家及同伍寻复亡叛。百姓流亡，户口日减，其源在此。又有百工医寺，死亡绝没，家户空尽，差代无所，上命不绝，事起或十年、十五年，弹举获罪无懈息而无益实事，何以堪之！谓自今诸死罪原轻者及五岁刑，可以充此，其减死者，可长充兵役，五岁者，可充杂工医寺，皆令移其家以实都邑。都邑既实，是政之本，又可绝其亡叛。不移其家，逃亡之患复如初耳。今除罪而充杂役，尽移其家，小人愚迷，或以为重于杀戮，可以绝奸。刑名虽轻，惩肃实重，岂非适时之宜邪！”

一种无可奈何的悲愤之情让王羲之无法述说，好友不在朝为官，王羲之只能寄厚望有朝一日谢安出仕能开拓一片新局面。岌岌可危的北伐，加上国内日益叛逃的黎民，王羲之建议乱世当用重典。

好友孙盛（字兴公）来到王羲之官邸，看到一筹莫展的王逸少，神秘兮兮地问道：“和尚支道林恰逢在会稽宣传《即色论》，用道家庄子《逍遥游》解说佛家学说，见解新颖，卿欲见否？”王逸少研习天师道，服食养性已久，对于佛学只是略有耳闻，自己哪有时间再去研究一些佛学之事，索性不见。

支道林吃了多次闭门羹，并不嗔怒。有一次王逸少乘车外出巡视县城，支道林堵在门口，对着王羲之说道：“君未可去，贫道与君小语。”

只听得支道林用庄子《逍遥游》阐说佛理，辞藻新奇，繁华灿烂，交映生辉。王羲之放下成见，仔细聆听梵音，大道殊途，万法归一，王羲之吸收各家书法长处，独创自己笔法，他以同样的心态理解自己所信奉的道家观念，站在此岸望彼岸。

一代佛学大师支道林，原名关道林，字道林，初为北方一代清谈名士，年轻时释家悟道，跟从佛家师傅姓氏，南渡后初到会稽闻王逸少书艺之名，特意前来与之相交。岁时半路出家研修佛学，仍然保留着清谈的习惯，王羲之热情招待这位相见恨晚的挚友。支道林在王府，见到了王家几个男儿。他不禁感叹南渡后的子嗣俨然已经忘了北方故乡的口音，操着一口吴地口音，久违的故乡只能成为心中地图上的一个标记，这些年轻的孩子已经不会说家乡话了，一代人在南国生根发芽。支道林忍不住感叹！

后来，支道林归隐苏州枫桥西山，以杂粮野果为食，以溪涧流水泡茶。有人慕名而来，遗赠他一匹白马，支道林欣然接受并喂养在山，路人讥笑他说："此非道人所宜。"答曰："贫道爱其神韵，聊复畜耳。"白马长大后，他送给了王羲之最小的儿子王献之。

出家野居意味着跳出世俗，用佛家眼光看待世人，用佛家心对待世间事。

有人慕名拜访，将一对幼鹤作为见面礼送给支道林。支道林欣然接受，等到幼鸟羽翼渐丰，他把白鹤的翅膀剪短，但当他忽然看见这对白鹤垂头看着自己的羽毛时，支道林顿悟，自己竟然不知不觉有了贪念，贪恋自己对白鹤的依恋之情，于是等到这对白鹤重新长出羽毛，他来到山顶，放飞白鹤，让它们凌空飞去。支道林同时放飞的还有困扰自己对美好事物的贪念。白鹤灵动、飘逸，不应该被人所累，爱其灵逸，捆绑得到的只是束缚。修佛，就是修心，不执着于物，不迷恋于形，不滞于物，不绑其心。

## 二、举步维艰的北伐战事

东晋北伐的脚步谁也不能阻挡，殷浩率大军走出东晋国门，虽然迎来了自己人生第一次失败，但殷浩并不气馁。冉闵杀死后赵皇帝石鉴，建立冉魏政权，随后不久，后赵石祗在襄国即位称帝，任命姚襄为骠骑将军，派姚襄父子抗击冉魏军；氐族贵族首领苻洪自称大秦天王，国号大秦，史称前秦。冉魏政权被前燕所灭，作为夹缝中的败军丧国之将，姚襄父子走投无路，想出了一个缓兵之计。姚襄父亲姚弋仲投降东晋，姚襄静观其变。永和七年，东晋朝廷收到降表喜不自胜，任命姚弋仲为使持节、开府仪同三司、大单于等，东晋又任命姚襄为平北将军督并州诸军事、并州刺史。姚襄表示并非真心实意投靠东晋，降表是其父亲投靠东晋，自己不认账。永和八年，其父亲去世，姚襄秘不发丧，私自率兵进攻阳平郡三城，攻克后斩杀掠夺3000余户人。前秦闻讯攻打姚襄部，姚襄败走麻田县，才归降东晋。东晋朝廷将他安置在安徽谯城，姚襄安排弟弟统领军队，自己则孤身一人渡过淮河到安徽寿春将降表递交给豫州刺史谢尚。

作为降军，作为曾经后赵的前锋将军，殷浩刺史竟然不得不与之同伍北伐。殷浩肺都要气炸了，东晋朝廷难道都聋了吗？这是诈降啊！这是姚襄的权宜之计，现在的东晋无疑是养虎为患！殷浩北伐中，姚襄自告奋勇对抗前秦大军，取得胜利。此时的前燕、前秦两国没有一个是省油的灯，殷浩屡次派刺客暗杀姚襄，让殷浩始料不及的是，这世界上还有一种人就是具有天生的吸引力。姚襄在后赵时就已负盛名，从士兵到黎民百姓都敬戴此人，殷浩派去的刺客每一次都埋伏在姚襄身边，无一例外的是刺客全部被姚襄个人魅力折服，倒戈投靠姚襄，这得多大的人格魅力啊！史书上记载，姚襄年17岁时，身长八尺五寸，臂垂过膝，雄武多才艺，这活脱脱就是描述三国刘备的词语！不仅如此，江东名士见过姚襄后都对他敬重有加。这北伐的噩梦啊，何时才能苏醒？

殷浩暗杀不成，私下派魏憬率领5000多人袭击姚襄。姚襄将魏憬斩杀，吞并了他的军队，殷浩这次真是赔了夫人又折兵。

虽然统一战线，可殷浩恨他不死之心从未断过。并非殷浩嫉贤妒能，这是颗定时炸弹啊。杀不成姚襄，殷浩作为北伐总都督，将姚襄调到梁国蠡台，上表奏拜姚襄为梁国内史，企图将姚襄从武将调任文官，管理内政。姚襄派下属权翼到殷浩处回复，表明自己听从调遣。

殷浩看到姚襄下属恨不得将他碎尸万段，狠狠地质问道："平北将军姚襄总是自作主张，是不是没把我这个大都督放在眼里？"

权翼答道："将军轻信奸言，多心猜疑，下官认为出现猜疑的原因不在姚襄。"

一个下官都可以趾高气扬地回答殷浩，可以看出姚襄根本就没把殷浩放在眼里，根本就没打算真心归顺，只是借壳保存自己的势力。殷浩忍着怒气接着问道："姚军当中小人偷盗我的军队马匹，他眼里还有王法吗？"

权翼当然听明白殷浩所言所指的是蚕食魏憬部队的事情，权翼心里冷笑，但还是心平气和地答曰："将军，平北将军寄人篱下，难以保全，只能壮大自己以求自保，训练自己兵卒，将惩治那些不敬的人，取马匹只是用来自卫罢了。"

殷浩看着一个小官都这么猖狂，喃喃自语道："北伐之事怎么到了这般地步！”

开弓没有回头箭，殷浩铁了心要消灭姚襄，直接派谢万征讨姚襄。姚襄早有准备，将谢万打得落花流水。殷浩得知兵败，差点步周瑜后尘。此时，斥候传来消息，关中地区，前秦与前燕两军正打得热火朝天，朝廷让殷浩抓住时机趁机北上。殷浩亲自率军北伐，最好的期望是收复洛阳，光复西晋皇陵。大军浩浩荡荡北上，东晋朝廷正忐忑地等待着殷浩大军的消息，传令兵进殿回复道：“报，殷浩大军败逃而回……”

有人听闻松了一口气，暗暗心里自语道：果然不出所料。

会稽王司马昱询问：“是前秦大军阻击，还是前燕慕容氏军队？”

“都不是。”

“难道是两国合兵一处？”

“是姚襄在安徽蒙城北伏击殷浩，斩杀擒获我方上万人。此时姚襄渡过淮河，军队驻扎盱眙，招募流民军队已到达7万人。”

就在众人以为姚襄叛变时，大殿外传来信使上报声音。

“平北将军的上表。”

“念！”司马昱此时阴沉着脸怒喝道。

等到司马昱听完上表内容，脸色都气绿了。见过无耻的人，但从未见过这么无耻的人，姚襄陈述殷浩罪状，自己上表谢罪。

整个朝堂，平时吵得不可开交，此时的太极殿安静至极。

久久沉寂的寂静被一个突兀的声音打破：“报！征西将军桓温上疏表章到。”

这个桓温是个“无事不登三宝殿”的主，殷浩兵败的消息不过一日，桓温这边的上疏表比八百里加急还快。桓温陈说殷浩之罪，其中一条就是殷浩北伐屡战屡败，百姓痛苦不堪；另一条指责他作战指挥失利；三是殷浩嫉贤妒能，与姚襄不和导致北伐失势，建议朝廷贬殷浩为庶人，下贬到信安城。

对于桓温的落井下石，朝廷没有人为殷浩站出来说一句话。中军将军殷浩得知自己被罢官以后，感叹道："上人著百尺楼上，儋梯将去。"

司马昱过河拆桥的本领无师自通，把殷浩扶植到北伐的中军将军，然后又毫不留情地下贬殷浩。得知殷浩被罢官的桓温，对下属说道："小时候我和殷浩骑竹马玩，我扔掉的竹马，他总是捡回来再骑，由此看出，他只能屈居我下面。"众将士闻之大悦。

殷浩被罢免后孤零零地回到信安，日日不语，只是每天读读佛经，一天到晚对着空气写字。

王羲之得知此事已是无力回天，深深替殷浩悲惋叹息："殷废责事便行也，令人叹怅无已。"

扬州的官吏和百姓每每看到殷浩在空中写字都想到一句俗语："飞鸟尽，良弓藏，狡兔死，走狗烹。"有好事的人跟着殷浩，暗中观察殷浩在空中写的什么字，原来殷浩在空中反反复复写的只有四个字："咄咄怪事"。

降职被贬到外地不是不能忍受的事情。对于殷浩来说，贬为庶人才是最大的打击，殷浩一生最大的志向就是能光耀门楣。多次的隐居生活提高了自己的知名度，他一直避开东晋三巨头的锋芒，蛰居的殷浩终于要推开功成名就的大门那一刻，命运却把他拥有的光芒全部熄灭。眼前的一片漆黑让殷浩从此淡出人们的视线。

还是有个朋友在他落魄时送来问候。王羲之在书信中写道："知足下连不快，何尔？耿耿！善将适。吾积羸困，而下积日不断。情虑尚深，殊乏自力。不能悉。

"昨得殷侯答书，今写示君，承无怒意，既而意谓速思顺从，或有怨理。大小宜盘桓，或至嫌也，想复深思。"

永和十二年，殷浩郁郁而终的消息传到王羲之耳中。这个时候活着的好友只能默默承受死别的痛苦。

东晋第一清谈名士殷浩告别了让他伤心至极的司马昱，告别了这凶险的政坛，一切的功名利禄都已离他远去。死去的人已经入土，活着的人继续折腾争斗。

那位诈降的姚襄继续自己的北上战争之路。东晋的边防将领围追堵截，可姚襄军连败连逃到许昌，姚襄吃了秤砣铁了心要攻取洛阳，开创大业。

东晋的政治舞台现在有桓温唱主角，积攒了足够的实力，排挤了殷浩。桓温现在真的是如日中天，桓温军犹如猛虎下山，势不可当。

永和十年，南国还是吹着北方旧地刮来的北风，大将军桓温率军北伐。自己占据长江中上游割据一方，与前秦为邻，北伐的第一站桓温就从前秦开刀。他率四万步兵、骑兵乘坐战船从江陵经水路自襄阳入均口，剑指关中地带。

同时他命令梁州刺史司马勋兵出子午，桓温此举打算双剑合璧，一举拿下河南、陕南等地。

好战的桓温直系军团陆战步兵强硬，与前秦历经多次血战，生擒前秦将领郭敬，击退淮南王苻生，大军顺利进入关中。

而关中的父老乡亲得知前秦败退的消息，谁也不曾想到竟然迎来了故国晋朝的军队，附近许多郡县的百姓们纷纷举族来降。桓温安抚3000多户百姓，使其安居乐业。关中百姓有的牵牛烹煮，有的担酒沿路迎接，许多老人则是痛哭道："没想到有生之年还能活着见到咱们晋朝的官军！"闻听此言，桓温也是鼻子发酸。

前秦朝廷一片震动，皇帝苻坚马上命自己的宗亲苻苌、苻雄、苻菁等将领率五万军队屯兵峣柳，企图阻止晋军。然而，桓温并未攻打峣柳，反而转战至灞上（今陕西西安东）。被牵着鼻子走的前秦军退守长安城南，苻坚自领兵六千固守内城。被动的前秦军此时阵脚已乱，根本无法知道桓温军的动向。前秦军只能以静制动，坚决不与晋军决战，采取保存有生力量，避其锋芒的策略。

然而，桓温内心也深知自己孤军深入，战线拉得太长，军队粮草供给不上，而且没有人比桓温清楚东晋朝廷国力亏空，后勤供给只能永远做表面文章。战事必须速战速决，拖得越久对自己越不利，而粮草只能自己解决。进入关中时，正值麦收时节，他打算就地收麦，以解决军粮问题，于是屯兵不前。苻坚闻听晋军收粮，猜到桓温军中粮草不足，遂采取坚壁清野的方式，抢在桓温之前收割粮食，固守城池，坚决不与桓温正面对决。

2个月后，军粮消耗殆尽，眼下又无法以战养战，桓温被迫撤返江陵，而关中3000多户百姓当下决定随着东晋大军返回故国，虽然此地是自己土生土长的家园，可是此地不是自己的国家！关中百姓决定一同随着桓温军往南迁走。

前秦军得知桓温军退走的消息派出大军一路追赶，晋军大败，伤亡甚众。第一次北伐就这样以失败收尾。这是桓温有生以来第一次品尝到了失败的滋味。

在这期间，有一个人物不得不重点说一下。桓温北伐期间，隐居关中的王猛曾前来拜见，衣衫褴褛的一位大汉求见桓温。桓温当时也是求贤若渴，任用人才不看出身。王猛与桓温大谈当世之事，旁若无人地边聊国事边从衣服上捉虱子。桓温撤退时邀请王猛一同南下，并任命他为高官督护。但王猛却不肯跟随，留在了北方，后来辅佐前秦皇帝苻坚消灭前燕、前凉及代国，统一了整个北方。强盛时前秦的疆域东至大海，西抵葱岭，南控江淮，北及大漠，是历史上第一个统一北方的少数民族政权。王猛死后，苻坚发动灭晋战事，史称“淝水之战”。

另一边，姚襄投降前燕。姚襄又一次假意投降前燕，开始了表演生涯。虽然前燕表面上把官职挂在姚襄头上，但是他却得不到一分军饷和一个兵力，完全是自己嫡系军队在拼老命地抢地盘。与姚襄对阵的是冉闵部将周成，冉魏政权覆灭后先是投降东晋，不久后反叛自立，成了夹在前秦和前燕两国的缓冲带。姚襄投降前燕后正忙着与周成抢地盘。

两军在伊水相遇交战，无心恋战的姚襄部被打得七零八落，此时的姚襄虽然是败军之将，但是他却不是一支军队在行军。因为他每到一处就有大量流民前来投靠，最后导致军队携带几千户流民奔袭洛阳而去。

北伐战争让南北的百姓变得紧张兮兮，对于手无缚鸡之力的文人才子而言，他们除了动动嘴皮子就是伸手贪污银两，谋求更大的官职；对于士族子弟来说，金钱不是问题，花钱才是问题；对于朝中的权贵来说，打赢了迁都，打输了继续南迁；对于穷苦的百姓来说，徭役多少是最头疼的。

而对于王羲之来说，已经破烂不堪的吏治现在犹如一张渔网，非他一己之力能补救的。作为北伐的大后方，王羲之在曾经的司马昱封地做得有声有色，最后换来的不是赞赏，而是不久之后的辞官归隐。

# 第十二章

# 千古兰亭

## 一、老之将至的王羲之

岁月之刃在不知不觉中为王羲之刻上了专属于他的痕迹，而病痛也悄悄从他的脚底开始侵袭。也许是久服五石散的恶果降临，王羲之的双脚开始阵痛无比，即使手拄拐杖也力不从心。他多次在书信中提及来自双足的绞痛：“八日羲之顿首，多日不知君问，得一昨书，知君安善，为慰。仆似小差，而疲剧。昨若耶观望，乃苦舆上隐痛，前后未有此也。然一日一昔，劳复不极，以此为慰耳。力不。”伴随着身体的痛苦，更让他失望的是武将弄权，文官失职。

到了知天命的年纪，到底什么是天命呢？是了解这个世界的存在，还是明白此生的使命或意义，还是指每个人都开始问专属于自己的问题，又各自寻找自己想要的答案。也有一些人并不服老，总是怀着一颗激昂的心求名求利，要争要斗，要满足自己短暂的人生，绝对不能虚无地飘过。

脚疾之后，王羲之收下了人生中第一根拐杖，在西蜀做官的朋友回信道：“去夏得足下致邛竹杖，皆至。此士人多有尊老者，皆即分布，今足下远惠之至。”老人之间流传着一句话“人过五十天过午”，意思就是人过五十身体开始衰退。王羲之的腿脚开始老化，视察郡县的奔波更是加重了王右军的腿疾。

远行的郡县视察可以说是一份苦差事，周旋于官场的尔虞我诈，对于王羲之这个会稽内史来说是一种折磨。幸运的是，这一片天地山色没有辜负他，每到一处，山水之间，云雾渺渺，可以让人忘却世间的烦恼。令人欣慰的是，人生中还是有知交好友数人常伴左右，或是书信往来，或是彼此探访，畅饮好酒。

当然，王羲之也少不了邀请好友来山阴之地居住："瞻近无缘省告，但有悲叹，足下小大悉平安也。云卿当来居此，喜迟不可言，想必果言，告有期耳。亦度卿当不居京。此既僻，又节气佳，是以欣卿来也。此信旨还具示问。"人渐渐老了，就念着心中的那几个老朋友放不下，真是见一面少一面。

# 二、兰亭集序

转眼间永和九年，“二月二，龙抬头。”娃娃们沐浴留一缕头发，做“思旧”寓意，满月的孩子们则是从头发上取下一缕头发，交给做毛笔的师傅，胎发是父精母血凝成的，本身就具有灵性，而且胎发做出来的毛笔更具有弹性。当然，少有人用胎毛笔书写，那是每个人离开娘胎出生后唯一可留作纪念的。这胎毛笔无不蕴含着父母希望宝宝平安长大的愿望。

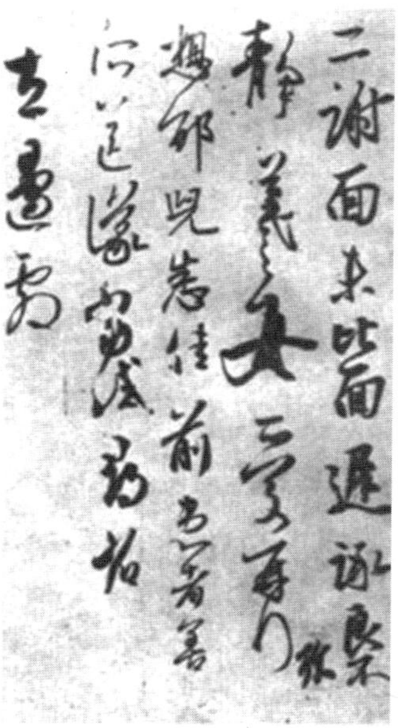

二谢帖

三月三，就是上巳节了，这可是纪念黄帝的节日，相传农历三月三是黄帝轩辕氏的生日。魏晋后，过节日时可以水边饮宴，郊外游春。虽然北方战事不断，但日子还得过，礼仪节日不能废。

上巳节——春秋《论语》描写曰：“暮春者，春服既成，冠者五六人，童子六七人，浴乎沂，风乎舞雩，咏而归。”人们这天可以在水边尽兴祓禊（水边沐浴）、祭祀宴饮、曲水流觞等。

最重要的是这是个可以让少女在户外参加的节日，平日的祭祀或者节日少女只能在家里遵守礼法。所以，上巳节成了古代少女的成人礼，少女们可以穿上漂亮的衣服，在水边游玩，或者踏歌起舞，以祛除邪气。在南方上巳节也可以说是女儿节或是情人节，在这一天，少数民族的姑娘们可没有东晋士族、庶族不通婚的等级观念，可以在这一天唱山歌或者泼水定情。

会稽山阴，王羲之在自己的庄园旁，呼朋唤友修褉迎春，吟诗作对，曲水流觞。

作为主人公的王羲之身穿白袍，素衣俊彩，携带自己的几位公子迎宾落座。

城外的百姓们已经陆续开始了属于自己的上巳节。只听得远处传来久违的笑声。

这一日，天公作美，温和的阳光散落光芒，与民同乐的会稽内史已经布置好一切。

谢家儿郎在谢安的带领下谈笑自若地走过来，好友孙绰、许询以及叔父家的儿郎，文武众官一一落座，小儿子王献之在庭院曲水假山间也寻得一个位置。众人见此为之一悦。

此处的兰亭，葱绿劲竹围绕流水旁的兰草依依而立，随风摇曳，顾盼生姿，春风送来几缕清香，主人王羲之首先斟满酒举杯敬诸位。

等待吉时，曲水潺潺，已经有人开始“曲水浮素卵”，一枚枚煮熟的鸡蛋放在河水中随着水流飘动翻滚；接着又是“曲水浮绛枣”，一颗颗大红枣欢腾地扑下水，犹如锦鲤游动，这些当然是为孩子们准备的。贴心的丫鬟们将准备好的兰花水和柳条水发到众人手中，大家或用兰花水洗手擦脸，或用柳条沾水嬉戏，一旁的孩子们则是用柳条水把鸡蛋煮熟染成绿色，互相对碰。

简单的流程结束，女孩们去踏青寻春，男孩们则调皮玩耍，红枣儿可是要被收藏的，拿回家中晾干，说是可以治疗肚疾。当然不乏贪嘴的人囫囵吞枣。

早有人备好书桌，准备记录即将开始的重头戏——吟诗咏唱。作为东道主的王羲之第一个放下荷叶上曲水流觞的酒杯，先吟诗一首。

一双双眼睛看着这位会稽内史，琅琊王孙。王羲之随口吟诗道：“代谢鳞次，忽焉以周。欣此暮春，和气载柔。咏彼舞雩，异世同流。乃携齐契，散怀一丘。”众人点头。一篇应景应时的作品，给大家开个好头。

“今日曲水流觞有荷叶为尊，花中君子在各位面前停下时，请饮酒赋诗，诗若不成，罚酒三巨觥。”

“逸少，吾官人群中幼子王献之在此，年未弱冠，怎能饮酒？！”说话的人是王献之的舅舅郗昙。

众人闻之点头，王献之正要辩解，哥哥王徽之起身作揖道：“舅舅放心，吾弟之酒吾可代劳，我们六子在此五位。有四位哥哥去为七郎挡酒，如若舅舅不胜酒力，我们兄弟几个都可以把您抬回去的。”

“臭小子，不陪你醉倒在竹林，我就不是你舅舅！”若干人拊掌看着这两人你来我往地调侃。

王羲之命人继续放出一盏盏酒觞，只见荷叶像一艘远远的船载着酒觞慢慢游动，果然，曲水流觞第二站慢慢停在谢安石面前。

谢安石整顿衣袍，举起酒杯，环视众人，轻抿嘴角，开口吟咏道：“伊昔先子，有怀春游。契兹言执，寄傲林丘。森森连岭，茫茫原畴。迥霄垂雾，凝泉散流。”

旁边有人赞曰：“谢安石真乃我辈第一隐士，我辈俗物缠身不及也。”侍者又斟满酒在酒觞之中，只见此时风停，荷叶纹丝不动。

一旁的谢万和孙绰视之，指着荷叶上的酒觞，“妙哉！安石，今日有酒中仙之命矣！”

谢安石也看着这巧合的一幕，躬身取酒，说道：“今日天命于我，此杯我先干为敬！”接着用乐府旧调吟唱出：“相与欣佳节，率尔同褰裳。

薄云罗景物，微风翼轻航。醇醪陶丹府，兀若游羲唐。万殊混一象，安复觉彭殇。”

王羲之带头为之鼓掌，王徽之在一旁吹起口哨助阵。孙绰、谢万在一旁连连称赞谢安石真是海量。

接着司徒左西属谢万，谢安石的四弟也有诗作两首：

“肆眺崇阿，寓目高林。青萝翳岫，修竹冠岑。谷流清响，条鼓鸣音。元萼咄润，飞雾成阴。”

“司冥卷阴旗，句芒舒阳旌。灵液被九区，光风扇鲜荣。碧林辉杂英，红葩擢新茎。翔禽抚翰游，腾鳞跃清泠。”

左司马孙绰，作为玄言诗人的代表，今日也诗作两首：

“春咏登台，亦有临流。怀彼伐木，肃此良俦。修竹荫沼，旋濑荣丘。穿池激湍，连滥觞舟。”

“流风拂枉渚，停云荫九皋。莺语吟脩竹，游鳞戏澜涛。携笔落云藻，微言剖纤毫。时珍岂不甘，忘味在闻韶。”

王羲之二子王凝之，一身雷打不动的道士装扮，手执拂尘也有诗作两首：

“庄浪濠津，巢步颍湄。冥心真寄，千载同归。”

“细缊柔风扇，熙怡和气淳。驾言兴时游。逍遥映通津。”

四子王肃之有诗作两首：

“在昔暇日，味存林岭。今我斯游，神怡心静。”

“嘉会欣时游，豁尔畅心神。吟咏曲水濑，渌波转素鳞。”

五子王徽之诗作两首：

“散怀山水，萧然忘羁。秀薄粲颖，疏松笼崖。游羽扇霄，鳞跃清池。归目寄欢，心冥二奇。”

“先师有冥藏，安用羁世罗。未若保冲真，齐契箕山阿。”

七子王献之故意不吟诗，他的酒被哥哥王徽之一人包揽，徽之的“酒痴之名”就此传出。

散骑常侍郗昙（王羲之妻弟）开口吟咏道：

“温风起东谷，和气振柔条。端坐兴远想，薄言游近郊。”

三子王涣之留诗作一首：“去来悠悠子，披褐良足钦。超迹修独往，真契齐古今。”

曲水流觞第二轮。饮酒之后的王羲之诗兴大发，一连作诗：

悠悠大象运，轮转无停际。陶化非吾因，去来非吾制。宗统竟安在，即顺理自泰。有心未能悟，适足缠利害。

未若任所遇，逍遥良辰会。三春启群品，寄畅在所因。仰望碧天际，俯瞰绿水滨。寥朗无涯观，寓目理自陈。大矣造化功，万殊靡不均。

群籁虽参差。适我无非亲。猗与二三子。莫匪齐所托。造真探玄根。涉世若过客。前识非所期。虚室是我宅。

远想千载外。何必谢曩昔。相与无相与。形骸自脱落。鉴明去尘垢。止则鄙吝生。体之固未易。三觞解天刑。方寸无停主。

矜伐将自平。虽无丝与竹。玄泉有清声。虽无啸与歌。咏言有余馨。取乐在一朝。寄之齐千龄。合散固其常。

脩短定无始。造新不暂停。一往不再起。于今为神奇。信宿同尘滓。谁能无此慨。散之在推理。言立同不朽。河清非所俟。

王献之等人，诗不成，罚酒三巨觥。被罚酒的其中不乏酒虫作怪，心甘情愿地罚酒三巨觥。孙绰观看记录的大家所作诗作，一处结成，可留作后世，提议大家为之做一篇序文。

大家都推举会稽内史王右军，王羲之此时微露醉态，众人取来蚕茧纸、鼠须笔放于案几。“此处兰亭，各位赋诗成集，承蒙大家所爱，献丑了。”

风，有风来仪。亭，兰亭婷婷而立。

春，暮春之时。客，一时名流。

王羲之伫立片刻，凝思微许，提笔舔墨，娓娓写道：

永和九年，岁在癸丑，暮春之初，会于会稽山阴之兰亭，修禊事也。群贤毕至，少长咸集。此地有崇山峻岭，茂林修竹，又有清流激湍，映带左右，引以为流觞曲水，列坐其次。虽无丝竹管弦之盛，一觞一咏，亦足以畅叙幽情。

是日也，天朗气清，惠风和畅，仰观宇宙之大，俯察品类之盛，所以游目骋怀，足以极视听之娱，信可乐也。

夫人之相与，俯仰一世，或取诸怀抱，悟言一室之内，或因寄所托，放浪形骸之外。虽趣舍万殊，静躁不同，当其欣于所遇，暂得于己，快然自足，不知老之将至。及其所之既倦，情随事迁，感慨系之矣。向之所欣，俯仰之间，已为陈迹，犹不能不以之兴怀。况修短随化，终期于尽。古人云，死生亦大矣，岂不痛哉！

每览昔人兴感之由，若合一契，未尝不临文嗟悼，不能喻之于怀。固知一死生为虚诞，齐彭殇为妄作，后之视今，亦犹今之视昔，悲夫！故列叙时人，录其所述，虽世殊事异，所以兴怀，其致一也。后之览者，亦将有感于斯文。

众人在一旁第一次观看王右军写书无不震惊，王右军之名今日之后必将名震江左。

王羲之回览全文，删改基础，雅集而成，命名之《兰亭集序》。王羲之在天命之年后把这些年的书法结晶行楷之风写到了《兰亭集序》中。观看王右军写书的众人陶醉在这一片山水之间，兰亭美，美不过兰亭字；众人醉，醉不过兰亭酒。幼子王献之虽未饮酒却也醉倒在一片石几上，只闻得兰亭墨香就无法把视线转开，自己学书的心更加坚定。有这样的父亲让自己高山仰止，虽然父亲让自己望其项背，但没有比超越这样的父亲更令人兴奋的事情了。王献之一时间找到了自己的目标。尽管这条路还只是刚刚开始。

此后的王羲之数次临摹自己的《兰亭集序》，皆不复当日字的神韵。

王羲之把《兰亭集序》原稿送给了妻子，临摹数本交予妻子自行应付。

对于妻子，王羲之深知，自己不擅长应付家长里短，经常从儿子嘴里听到妻子评价自己清高，只有深交好友或是挚友才知道王羲之是个冷静与热情并存，短于言谈却又擅于清谈的政客，不喜好在京为官却又为民为国分忧的官员。

## 三、始料未及的贬谪

王羲之在上巳节后时刻关注殷浩北伐的消息，此时的朝廷已经很难再听到好消息。殷浩遭遇姚襄埋伏截击，大败而回。殷浩本人遭众弹劾，贬为庶人。所谓被捧得越高摔得越惨。

直到殷浩去世，王羲之再也未与殷浩见面。风光一时的殷浩可真是历史中的昙花一现，只是在《世说新语》中认认真真地客串了许多故事。年少时，殷浩以精通玄理闻名，被风流名士推崇至极，当时有人曾问道："周公解梦有一则，梦见棺材就是要做官，梦见大粪即是要发财，这是什么道理？"当时殷浩巧妙地回答道："官本是腐臭之物，所以将要做官就会梦见死尸，而钱财本就是粪土，所以梦见粪土就会发财。"众人闻之，接连称赞殷浩回答得既有趣又蕴含讽刺之理。

没想到十几年后，隐居的名士殷浩还是走上了腐臭之官路，而且一时掩盖桓温锋芒，成为东晋北伐主帅。殷浩也是猜中了自己辉煌战事的开头，未想到这样的结局。战鼓擂动的开场，无人问津的离去。

王羲之知道官情淡薄，人走茶凉的境遇，但他从未想过不堪于此。这次殷浩被贬真是让人彻底寒心，王羲之在兰亭集之后开始萌生彻底辞官归隐的念头。

兰亭会后，关于兰亭雅集的书艺之名一夜之间传遍全国，王右军的名号自此传播出去。

喜欢他的人更喜欢他及他的字，就连敌对的政客也开始收藏他的字。

对于这始料未及的虚名，王羲之也是由衷的欢喜，不是因为可以名声在外，而是他的字终于得到大家的认可，为父亲正名，他用这样的方式做到了。虽然王旷已经不在，母兄也无法一起分享这份喜悦，但是他们一定可以听到这声音。他们也会看到自己没有辱没这份来之不易的传承。

# 第十三章

# 丹药　白鹅

# 一、炼丹之术

汉魏之际，佛教渐渐传入中原，当时的人们笃信道教神仙之术，认为佛教也是一种神仙方术。佛家弟子为了传教就有了老子化胡之说。在东晋儒道释三家并存，人们在三大熔炉中洗涤着自己的灵魂。

东晋士人大多无酒不欢，三日仆射的周伯仁因酒误终生。在痛苦的时代也唯有酒精的麻醉能让人忘却失去故乡故土的痛苦，忘记背井离乡的悲凉，忘记羸弱的朝廷，动乱的战争。第二件事就是“行散”，也就是服用“五石散”。这种中药散剂又名“寒食散”，这个药方本来是治疗伤寒病症的，由五种石头作为主药，再辅以若干他药。这五种石头分别是石钟乳、紫石英、白石英、石硫黄、赤石脂。经过三国时魏人何晏的改良，寒食散有了其他的作用，就是让人吃了可以壮阳、强体力、增加皮肤的敏感性。在他的影响下，五石散开始流行起来。

虽然毒性很大，但是拦不住人们对它的热情，为了把五石散中的毒素发散出来，人们总结三种方法。

其一，服用五石散后不能躺下，得赶紧锻炼身体，加快汗液蒸发，让血液的流速加快，称之为“行散”。所以，当时的人们会在大半夜身穿单衣，敞开怀抱，披散头发，光着脚狂奔。这不足为怪，这是名士们在“行散”。

其二，不能穿厚衣服，不可以吃热东西，并且穿单衣，服用凉食或冷饮，越凉越好。因为五石散的药性是燥热，必须用寒性之物冲淡药物的热性，两者中和，否则会把自己的内脏烧坏。士族们总结出十二字口诀：寒衣、寒食、寒饮、寒卧、极寒益善。

其三，必须配有热酒，为何会是热酒呢？因为酒主挥发，热酒进入体内会加快挥发，魏晋爱酒人士本来就多，由此一条，喝酒成了“行散”的必备方法。

这种行散的生活方式直到唐末仍然存在。然而，中毒的大有人在，有的人直接被毒死，有的人中毒后直接变哑巴，有的人积攒疾病后全身溃烂，脓疮遍体，有的人直接七窍流血而亡。王羲之的儿子王徽之因服用五石散后背溃烂崩裂而亡，王献之服用后身患脚疾，并因此不足五十而逝。

王羲之在晚年身体每况愈下，可能也是服用五石散中毒的后果。对于道家子弟来说，服食五石散是羽化登仙的最简单的修炼方法。在好友许迈的引导下，王羲之把目光放到了炼丹上。在炼丹方面，与王羲之同一时代的葛洪就是个中翘楚。

道教本就有内丹、外丹的修炼法门，内丹讲究的是以人体为炉鼎，精气神为药，利用道家呼吸法引导自己体内的大周天或小周天炼药，最终在体内凝结成内丹的法门，一部《黄庭经》从头到尾都在讲解道家修炼法门的入门纲领，通过疏通自身经络，配合呼吸法门修炼体内正气，最终达到道家追求的天人合一的境界。

外丹，相对简单些，但是更费力。外丹也被称作炼丹术，需用炉鼎烧炼金石之物，配制成药饵，来自南海的外丹分为三种：神丹、金丹、黄金丹。服用神丹可以直接羽化登仙，成为长生不老的道士。金丹的作用也是差不多，唯有黄金丹能起到延年益寿的作用。当然，不乏其中一些人服用后一命呜呼，有识之士会解释说：“此人若不是心术不正则是道年不笃，抑或丹药失败。”后来者还是前赴后继地炼丹。人人心中看着他人服丹失败，不会反思这是有毒的，而是陷入了死循环，想着自己的丹药有效，抱着这种想法的就有晚年的王羲之。

王羲之在辞去官职前后，还是走上了寻仙问道的缥缈之旅，等到他离世之前，知道他的身体因服用五石散和各种丹药后已经无药可救。

可以说一代书圣之家，前赴后继地在王羲之走过的服丹老路上继续行走，其子嗣中的王徽之也是因为服用各种丹药最后落得后背溃烂而亡，王献之服用五石散落得与父亲一样的症状，中年之后双脚疼痛无比，根本无法走路，最后只活了四十三岁。

清谈 、行散这些名词早已经尘封在历史的长河中，这不是太愚昧导致的恶果，而是因为他们太聪明，求解脱也好，求出尘羽化也罢，为求长生的人自古以来从未断绝，并非他们惜命，而是在那样的时代里，前无古人，后无来者，如同黑暗中各自摸索前程，国家不知何岁月会覆灭，人们不知何年能安定，庶族与士族之间天堑般的鸿沟横在中间，强权的世界，黑暗腐朽的政治，人们没别的选择。

如果用一首诗去形容他们苦闷的心情与疯狂的生活态度，明唐寅的诗作恰如其分地表达了一切。

桃花坞里桃花庵，桃花庵里桃花仙。
桃花仙人种桃树，又折花枝当酒钱。
酒醒只在花前坐，酒醉还须花下眠。
花前花后日复日，酒醉酒醒年复年。
不愿鞠躬车马前，但愿老死花酒间。
车尘马足贵者趣，酒盏花枝贫者缘。
若将富贵比贫贱，一在平地一在天。
若将贫贱比车马，他得驱驰我得闲。
世人笑我忒疯颠，我笑世人看不穿。
记得五陵豪杰墓，无酒无花锄作田。

## 二、右军的修道之路

作为许迈的道友，王羲之也是欣然介绍自己的道教师傅，隐居在天台山的紫真道人白云先生。王羲之在书信中述说巧遇白云先生的往事。咸康五年，他的岳父和丞相王导亡殁，王羲之回家奔丧，闲暇时游历天台山，排解心中阴霾，当独自一人走到华顶山的一处茅舍前，见一老道士盘坐吐纳，王羲之有种感觉，这眼前的道士与自己有缘，而且这种感觉驱使他走上前，向老道士行礼。

“小友为何拜我？”老人鹤发童颜，声如洪钟。

“修道之人，皆为同行，且长者为尊……”王羲之话未说完，老者摆摆手，循声问道“《黄庭经》熟读否？”

“日日抄写，夜夜诵读！”

“小友可是琅琊王羲之，吾观你手时划衣而写，世间研习书法痴迷者，除书痴王羲之别无他人！”

震惊的王羲之赶忙再拜，躬身道：“望先生指点迷津，小子实不相瞒，遍学众人各体，年岁从不停辍，但书艺已入瓶颈，望先生收吾为徒……”

先生对王羲之说道：“子欲学书，好听吾语。夫受笔法，与通俗不同，须静其心，后澄心思，暮在功书，筋骨附近，气力又面均停，握管与握玉无殊，下笔与投峰不别，莫夸端正，但取坚强，筋力若成，自然端正。”

“老夫紫真道人，人称白云先生，今日收下我这关门弟子王羲之。”

王羲之盘腿坐下来，听白云先生讲解《黄庭经》，王羲之深入了解到，原来道教教符早就有之，并非东汉张道陵独创，道士在抄写经书时，必须练就精湛的书法书艺，不知不觉就会发现道家经典字字如道，万物阴阳合一，妙趣天生。无论是修行人体的内丹之法，守住丹田之气，还是外服丹药，修行导引之术，前提是要有一颗“道心”。修习书艺也是一样的道理，道应自然而生，书应人事记之，书艺即是人生。

王羲之从中领悟到，书法作为一门人文艺术应讲究自然之美，要亲身领悟大自然的风韵。继卫夫人之后，王羲之又一次感悟道法自然的书艺修行之路。俗语道：“师傅领进门，修行在个人！”所谓自然之道就是游离于四海、尘垢之外，追求自我的释放。王羲之的书法开始追求自然秀美、潇洒飘逸、结构自然生姿、不露人工雕琢之痕，望之惟逸、发之惟静，逐渐走出一种超逸世俗的宁静与朦胧的境界之路。

直到永和九年，王羲之一气呵成的《兰亭集序》应运而生。王羲之回报给自己的师傅白云先生的《兰亭集序》俨然已经超脱于当时，王羲之期待白云先生的赞美之词。白云先生知他在众人推崇下有得意之色，于是回信道：“子虽至矣，而未善也。书之气，必达乎道，同混元之理。七宝齐贵，万古能名。阳气明则华壁立，阴气太则风神生。把笔抵锋，肇乎本性。力圆则润，势疾则涩；紧则劲，险则峻。内贵盈，外贵虚；起不孤，伏不寡；回仰非近，背接非远；望之惟逸，发之惟静。敬兹法也，书妙尽矣。”

对于这当头一棒，王羲之收起了自己的骄傲，在永和九年三月六日作《记白云先生书决》，以铭记来自师傅的谆谆教诲，并把他献给了当时的皇帝晋穆帝。辞官归隐后，王羲之又一次登临天台山顶峰，把自己用小楷抄写的一份《黄庭经》放在师傅白云先生经常练功的一处岩洞之中。

退出岩洞，王羲之磨墨在自己曾经跟师傅学习的一处岩石上挥笔写下一个字“鹅”。这个独笔字上下相连，气象万千，不张狂却又透着无尽道韵，表明王羲之不忘恩师教诲。白云先生赞曰：“淡处不淡，浓处不浓，世所罕有，一字千金。”心如止水的王羲之告别师傅，继续在人间游历，追寻书艺之道的至善至美。

辞官后，王羲之与妻子郗璇商议为孩子们购置田庄，当然也为自己和妻子操办养老之所。妻子选取浙江剡县金庭之地，“丘令送此宅图云：可得四十亩，尔者为佳。可与水丘共行视。佳者，决便当取，问其贾。”对于妻子的要求，王羲之从来都是欣然同意。对于妻子，王羲之心里一直有所亏欠，自己无论在书艺上取得怎样的成就，他知道妻子所付出的不比自己少，所以在纳妾成风的东晋，王羲之一直都是与妻子“执子之手，与子偕老”，相互扶持，更多的时候是妻子扶持他，在书艺路上义无反顾地支持自己。

大爱无言。王羲之不会表达自己的情感，只是把《兰亭集序》原本送予妻子珍藏。两个人相伴一生，很多时候已经不需要太多的言语，一个眼神就能明白对方的心意。王羲之得妻如此，夫复何求！

王羲之晚年的大多岁月都是隐居修性于嵊州金庭庄园，自学成材的道士许迈也经常邀请王羲之共修服食，采药石、移植灵芝。王羲之修道多年，能自己着手开始炼丹。炼丹术从晋朝开始，与王羲之同一时期的东晋葛洪就是炼丹术的集大成者。上流士族子弟流行服用五石散，而对于道家士族子弟，更高级的追求就是服用外丹，葛洪喊出：“我命在我不在天，还丹成金亿万年”的口号，之后他辞官隐居广东罗浮山，潜心炼丹。作为一代名医，葛洪认为服用植物类做成的药只能延年益寿，不能成仙，所以他把目光投向了金石药物，比如丹砂、黄金、玉石之物，他说丹砂“烧之成水银，积变又成丹砂”，称为还丹。成仙的丹药需要炼制九转九合，也就是丹砂和水银转化九次。

现在看来，丹药的成分都是剧毒之物，仙丹成分以铅和汞为主，服药与自杀没什么区别，为什么更多的人前赴后继地去炼丹服用呢？葛洪作为一名医学家明识药性，可他最推崇的两味药：一个是丹砂，一个是黄金。其他的植物类药物放置时间太久或储藏不当都会腐烂，推而得之，五谷杂粮也是植物类，人吃了不会出事。于是他推理得出，人体就像一座小型炼丹炉，吃什么东西就拥有什么样的自然特性。作为急性病专家，葛洪所著《肘后备急方》，发现金石类药物外用，有的可以防腐，有的可以水火不侵，如果人服用后是不是就会拥有它们的自然特性？葛洪把炼丹的各种理论基础和各个操作环节都写在了上面。葛洪与王羲之是否有过交集，我们不得而知，但是，作为道教门生，他们一心求道成仙的愿望是一致的。

晚年的王羲之服用五石散和道友相助练的丹药后是怎样的呢？王羲之自己在一封信中娓娓道来："旦极寒，得示。承夫人小咳，不善得眠，助反侧，想小尔。复进何药？念足下悚息，卿可不？吾昨暮大吐，小啖物便尔，旦来可耳，知足下念。王羲之顿首。"王羲之服丹后大吐一场，食欲不振，睡眠受到严重影响，白昼感觉浑身发冷，已经是轻微中毒症状。

东晋升平四年，岁在庚申，王羲之炼丹于剡县之鼓山（金庭东侧），有题辞志石。"

辞云："粤若吾先，琅琊肇址。临沂孝弟，郡么燮理。轩冕盈朝，会稽内史。兰亭追趣，祓除上巳。致政金庭，南朝别墅。光鼓西涯，剡邑东鄙。绝献周重，崇岗顿起。鼓宏对旗，巅夷若砥。其地可锄，有药堪饵。奚啻沃州，岂让天姥？纯庵紫芝，爰居乐土。文坛武土单，鹅池墨池留候赤松，明哲可许。诗赋莫友，簪盖良士。眺望楼迟，思惟窃取。仲尼威仁，朝闻夕死。孟轲传道，无有乎尔。厥赋惟均，为之亦是。世远人非，知谁遁此。右军镌石，鼓山同峙。"身在炼丹世界里无法自拔的他开始以道士的标准来要求自己。

每到一处，王羲之都会牢记启蒙恩师卫夫人学书的刻苦劲，昔日张芝学书在自己家挖池塘取水浣洗笔墨，王羲之继承了这点，每一处的居所必有墨池相随。学书卫夫人后，王羲之还保留了童年的一个爱好，而且随着年龄的增长兴趣越来越浓，那就是自己养白鹅。对童年的王羲之来说，“朋友”是个陌生的词汇，除了哥哥，陪伴自己最多是白鹅，王羲之将白鹅当做自己的朋友。

王羲之一生都保持着养鹅的情趣，鲜有人知道鹅是他童年的美好回忆。家里的长辈辞世久远，能作为王羲之唯一精神寄托的物件不是书法，而是白鹅。无论白鹅漫步在竹林，还是浮游在池塘，小的时候，哪里有白鹅哪里就能看到王羲之，所以寻找王羲之的时候只要找到白鹅就能找到他。

在王羲之看来，白鹅性格孤傲，超凡脱俗，从来都是自己孤傲地漫步，它可谓是自己解脱孤独的对话者。那洁白的羽毛，从不染尘。作为三禽之一的鹅，古人造字时赋予它一个“我”字。鸡、鸭两个字都只是象形或形声，唯有“鹅”字赋予了“人性”的“我”字。鹅——我的鸟，从古至今受人喜爱，王羲之学书后，每到一处都是与字帖相伴，赏字的时间开始多于观鹅，白鹅的曲颈王羲之直接取象融入了书法“之”，曲笔的转折王羲之直接采用漂移的技法，不用带弧度的曲线划过，让字有了更多的动感。长长的鹅项一伸一缩，正像一支长长的笔在灵动书写，鹅的灵感驱使他神笔的运动。

有个关于王羲之爱鹅的故事。那是他在会稽郡任职时发生的，会稽郡小村庄有一老妇人，家里养着一只白鹅，这只白鹅的叫声独特，让人一听就欢喜。王羲之听说了此事，派人花钱去买，可老妇人根本没打算卖，王羲之便携带亲友、金银细软之物，下乡去找老人交换，若不能交换，去看一眼白鹅，听一下叫声也行。老人听说会稽郡的王羲之要来自己家，也是非常开心，但是家里穷，没有好菜招待这位百姓心中的好官，着急间她看见了走过的白鹅。

王羲之来到老妇人家，看到院子里老妇人热火朝天地炖着一大铁锅肉，香气四溢。

王羲之还没开口，老妇人先开口说话了：“大人不要见笑，老奴家贫，没什么好招待的，知道大人喜欢鹅，就把家里唯一一只白鹅给大人用铁锅炖了，马上就好了……”

王羲之一阵心疼，他喜欢的是活的鹅！心中冒出一句话：“我不杀伯仁，伯仁却因我而死”，心中懊悔不已，留下钱财，叹息离开。

山阴县有一老道士养了一群白鹅。王羲之这次没再惊动别人，自己悄悄上路寻到道士住所，来到一处小溪旁，正看到一幕白鹅戏水的画面，溪水波光粼粼，满目的白鹅形态万千，王羲之如痴如醉地看着喜爱的白鹅，仿佛回到了琅琊故地自己家的池塘。

王羲之询问道士可否割爱卖给自己几只，道士摇头。看着王羲之沮丧的脸，道士抖着手中的拂尘说道：“不过，若是能为在下做一件事，这群白鹅可举群相赠！”

“但说无妨！”王羲之眼冒希望之火，这眼神正是他创作书艺之体才有的眼神。

“于君而言，轻车熟路，为贫道抄写《道德经》一部足矣！”

“笔墨伺候！”王羲之欣然接受。

“世人所称王右军性爱鹅，未料如此痴迷。”

“先生于我皆是各取所需，今日之事合乎性情，生平快事！”王羲之走到鹅群前面，只是轻轻说道:“哪只是我的鹅，请出来！”一只孑然独立的白鹅从鹅群中慢步而出。

王羲之自取一只鹅，放在怀里，惊讶得道士合不上嘴，原以为王羲之会带走一群鹅，没想到白鹅通人性，遇羲之真是白鹅之幸，遇此白鹅亦是王羲之之幸。

这个故事的结局还有另外一个版本。道士接过王羲之挥毫而就的书籍，大笑一声，一阵白雾升起，老道驾着天鹅而去，王羲之才知道自己是遇到神仙了，而手中的白鹅化作一只鹅毛，老道士留下一句话：“千里送鹅毛，礼轻人意重。”王羲之抬头目送老道离去，而手中的鹅毛化作一个汉字“永”。王羲之低头看着这个字突然领悟到这是老道士传给自己书法的要诀，这个字包含了汉字的所有基本笔画。王羲之握着手中渐渐消去的永字激动不已。永字八笔八法：侧、勒、努、趯、策、掠、啄、磔。

王羲之后来苦练单字“永”，将道家的“道生一，一生二，二生三，三生万物”的至理演绎得淋漓尽致，一千只鹅有一千多种形态，一个字同样可以有无数种结构，太极化阴阳，阴阳化万物，字亦如此。后来，我们有幸看到了王羲之的“永”字。任何一笔拿出来都是绝妙的典范，后世的大家各取所需，欧阳询取其险峻，颜真卿取其燕尾，柳宗元化用骨势，然而自唐人后，书艺名家步调一致地将两晋书法锋芒毕露的笔法撇去掩藏，演变成藏头护尾的基本做人哲学，自此两晋书韵荡然无存，形成“晋人尚韵、唐人尚法、宋人尚意、元明尚态”的局面。

# 第十四章

# 禁酒令　题扇

# 一、题扇躲婆

会稽郡山阴县，小城内绿水环绕，石桥一座座，石板路上点点的青苔映衬左右，河岸的小屋白墙黑瓦相映成趣。黑白相间的屋舍仿佛就是活着的书艺，若雨丝飞舞其间，整个山阴小城默默陈述着一段雨绵绵情浓浓的故事。

辞官前的王羲之悠悠然地走在石板小桥中，自从担任会稽内史以来，为了不错过这天然成趣的人间墨色，王羲之去府衙告别了骑马坐车的方式。

桥下，一条条乌篷船，山阴的乌篷船多以小乌篷船居多，每只船的篷子在制作时用桐油、猪血、黑粉煎熬成“黑油”涂抹，外观看上去乌黑发亮，山阴的方言发音将“黑”说成“乌”这个音，乌篷船之名由此而得。小雨时节，撑起一把油纸伞，走在古道石板路上，仿佛从画中走来。王羲之轻挪步子，走在天地一片墨色中的山阴小城，看着小城中人来人往，桥下有人贩卖着干果蜜饯桑葚之类的小吃，青石板路上也有人兜售新鲜的山野菜，当然最多的是晒好的梅干菜，这可是家家必备的桌上常吃之菜。家家都会酿酒，买酒浅酌也是常有之事，酒窖酒家则是摆放几个酒坛子，上面放着打酒的酒提子。夏夜未来之前，就有人叫卖六角竹扇，这种竹扇纯手工制作，由竹篾编织而成，放在竹篮中沿街串巷叫卖，若是赶上雨天，这种扇子最易发霉生绿苔。有一日，王羲之就遇到石桥上一位老婆婆提着一篮子六角竹扇。只见老婆婆蹲坐在来来往往的人群中，脚边竹篮子里放着几把竹扇，扇面棕黄暗淡之色像极了蚕茧纸，这一把把扇面的光泽钻进王羲之眼睛里，王羲之停下脚步询问道："老人家，这把扇子怎么卖？"

老婆婆刚才愁眉苦脸的脸转而舒展开来，像一张久未翻动的枯叶刚好被风吹散一下，王羲之觉察到了苍老面容背后的凄凉。

"十文钱，要买少几文钱也行。"老婆婆沙哑的嗓音说道，王羲之拿过来一把扇子仔细看着，扇子的两面真的像蚕茧纸，开口问道："老人家把其他的扇子都拿过来让我看看。"

老婆婆以为面前的王羲之相中了扇子，就递过去篮子，王羲之一把把看着扇子，看到了这样的扇面手痒难耐，于是借来笔墨，刷刷刷地在扇子上写了字。

老婆婆从马扎上怒然起身："哎呀，老天爷，你这人要买就买，不买拉倒，怎么能擅自乱涂乱画呢，我还怎么卖！我还要靠这些扇子讨生活呢！"过路的百姓都聚拢着围了上来，看热闹。

王羲之若无其事地问道："老人家这扇子是卖不出去吧……"，老婆婆眼神闪烁一下，身体微微抖动后倾一下，王羲之接着说道："老人家，我帮你在上面写几个字，这扇子能从十文钱卖到一百文钱，而且低于一百文钱不卖。"

老人家从王羲之手中一把夺过扇子，气哄哄地呵斥道："不买扇子，也不能欺负我这老人家，你写上字我还能卖得出去吗？"

"老人家，记住，就说是王右军的字，每把扇子低于一百文不卖。"

老人家被气得不行，有种欲哭无泪的感觉，此时扇子已经写上了字，没有办法抹去，只好搬起马扎准备离开。围观的人群中有好事的人向老婆婆索要扇子，老婆婆硬着头皮拿出写上字的扇子，"这字好啊，府衙曾经张贴过一张《护军教》榜文，好像真的是府衙内史王羲之的字啊！"

"老人家，这扇子多少钱一把，我买了！"

“啊！十文，不，一百文一把。”老人喜出望外地改口道。

人群匆匆挤向老婆婆，石桥上留下王羲之一个人微笑地看着眼前的人群。

转眼第二天，王羲之走到旧地时，老远就看见一堆人围着一位老婆婆，老婆婆身边放着十几个竹篮子，每个竹篮子里都放着十几把六角竹扇。好大的阵势，人群中还有人现场磨墨，摆好毛笔，王羲之瞬间就明白了老婆婆的意图。趁着人们并未看到自己，王羲之转身躲在一旁，就这样躲了几天。围观的人群散去后，老婆婆在回去的路上又遇到王羲之，看着眼前的恩人，又看着自己篮子中的扇子，只是轻轻地躬身拜谢。

王羲之也只是微笑并不言语，双手抱拳，还礼后潇洒地走了。

老婆婆提着竹篮继续走街串巷地叫卖自己的扇子。王羲之在身后听到老婆婆的叫卖声只是感慨地点点头。

这段插曲后来一直在山阴县城流传，六角扇子破碎成生活的尘埃，老婆婆的身影也消失在人来人往的人潮中。

## 二、禁酒令的恶果

王羲之做的第一项政绩就是颁布“禁酒令”。开仓赈灾的余波还未彻底解决，王羲之发现了一个比贪污盗偷国粮更严重的问题。那就是举国上下从中央到地方，官员嗜酒成性，高官显要、风流名士每日大宴小聚贪杯不足，懈怠公务，醉眼参与政事；民间的清谈名士“以清谈雅聚”，彰显自己的士族身份，地方黎民百姓生活困顿，时常今年水涝来年旱，饿肚子是再平常不过的事情。老汉丧子是用酒浇愁；今年的徭役赋税又加了喝酒解愁；饭都没得吃，哪有余粮可交，只有一条贱命。贱民如泥的描述更符合一些失意的庶民。

王羲之就任会稽内史以来，官员升迁酒和官员之间的迎来送往，同僚间的酒场真是让人应接不暇，疲于应对，却又无可奈何。大家你来我往，推杯换盏，杯盘狼藉，酒坛乱撒，大醉不止。王羲之又一次参加酒宴深夜才回到府衙，那一幕幕觥筹交错的醉态身影，那一声声歇斯底里的醉酒声回响在他的耳边。回到衙门，王羲之询问手下官员，会稽郡每一年用于官场的酒水是多少，百斤米能出多少烧酒，一年之中用于酿酒的米麦高粱等总共要消耗多少。

大家以为这位会稽内史要考核他们，或是又要问责定罪某人，府衙内的官员一个个大气不敢出，许久之后，一位年老的门吏站出来。大家称他为刘老头，此人无儿无女，刘老头深吸一口气，环视众人，又出一口气回答："回禀大人，若单纯做烧酒，百斤米可出四五十斤酒，这还得是经验高超的烧酒师傅。但是，像咱们会稽郡家家会酿酒，而且配料各不相同，具体的数量说不清楚，但所有的官员之家莫不有自酿和购来的农家小酒坊，更不用说商贾巨富之家、风流名士大家族所拥有的酒，总之是不计其数，寻常百姓家家家会酿酒，或多或少都有些家藏。"

隔行如隔山，王羲之听闻此中细节，仔细思量，如此多的酒岂不是耗费数以万计的粮食。如今朝廷连年征战，税赋繁重，举国各地不断地发生灾祸，丰收之年都有百姓食不果腹，忍饥挨饿。灾年最近更是连连，偏僻郡县更是路有饿殍，倘若不能丰年知欠，饱时知饥，如当奈何？！假若再遇灾年，开仓赈灾时国库无粮，难道还能开仓赈酒不成？酒不饮无妨，无酒民不会饿死，但百姓不可一日无粮，酿酒容易种地难，收成不多酒糟多，一定要趁着有余粮时多多储备。

再三思量，王羲之在会稽郡开始着手推行自己构想出来的"禁酒令"。

"即日起，通达会稽郡县，爵无高低，民无贵贱，一律不得再酿酒，市面上严禁出售酒类。违者法办！"此令一经颁布，整个会稽郡都沸腾了，人人一副闻所未闻的表情，或惊讶或震惊。这条令颁布后众人纷纷猜测这背后的意图，从府衙传出消息，王内史的目的很简单却又很大胆：禁酒节粮。

作为政令的颁布者，王羲之以身作则，自己带头不再饮酒，这破天荒的条令瞬间席卷整个会稽郡，王羲之下令查封境内所有酒窖，没有了大大小小的酒作坊，私自酿酒是不可能的事。醉生梦死的东晋，没有了酒就等于要了他们的命，喜欢了醉眠的日子，习惯了酒精麻醉的作用，一旦没有酒的麻醉，东晋人是无法面对赤裸的现实。一个个大家族的"蛀虫"无法直面白天耀眼的阳光，但无论有怎样的反对声，王羲之一心监督禁酒令的执行情况。

不少嗜酒如命的狂徒和身居世袭爵位的子嗣开始对王羲之进行非议和问

责。其中一条就是“滥用职权”，身为一郡之主，越权干涉郡县稳定。对于来自外界的舆论压力，王羲之毫不在意，朝廷正在北伐，不会抽时间关注一个郡县的政令。虽然东晋从未出现过这样一条政令，但王羲之深知这样做的好处不仅自己看得见，不仅百姓会受益，朝廷也会明白这其中的用意。国家从未有过这样的政令，但无论朝廷的态度如何，自己都坚持到底。至于张牙舞爪的酒虫就让他们忍着吧！无须自己做什么，离开酒的刺激他们什么也做不了。

“禁酒令”就在一片谩骂声和灾民慢慢有余粮的感谢声中执行了一年，收效出人意料的好，节省下的余粮竟然有百余万斛[①]。

从酒中竟然可以节省出会稽郡一年的田租收入总和，王羲之致信谢安感慨：“断酒事终不见许，然守之尚坚，弟亦当思同此怀。由此断酒一年，所省百余万斛米，乃过于租。由此民命，当可胜言。今后重论，相赏有理，卿可后论。百姓之命倒悬，吾夙夜忧。此时既不能开仓庾赈之，因断酒以救民命，有何不可？而刑犹至此，士人叹息，吾复何在？”

而对于世家大族或是名士风流之家短时间的“禁酒令”已经让他们如坐针毡，浑身刺痛，虽然朝廷得知王羲之解决了灾民饥饿之事，但“无酒不成礼”的风气非一人之力可以扭转。与此同时，伴随着殷浩的贬谪，扬州刺史的空缺由守丧回来的王述接任。

王羲之迎来的是官场最后的岁月，“禁酒令”的施行惠之于民，但更多的人身处会稽郡是度日如年，尽管可以偷着饮酒但犹如做贼。王述上任一年后，王羲之辞官归故里，终生不再出仕，也不再接受朝廷征召，不再接受来自朝廷的加封爵位。

事情还得从王述丧母开始说起，前会稽内史王述年幼丧父后与母亲相依为命，自丧母后，王述卸去官职，搭设灵堂披麻戴孝，跪坐一旁。迎宾吊

---

① 旧量器，方形，容量本为十斗，后来改为五斗。

孝，与王述同朝为官的人都礼节性地送来火纸钱。

王述知道接替自己留任会稽内史的是琅琊王氏的书法名家，可无论是作为内史的交接换班，抑或是来参加吊唁，都得王羲之前来才行。自己的白事信贴已经发出去了，为什么头七都快过去了，王羲之还不见身影？有人开始在王述耳边煽风点火，絮絮叨叨地说："王羲之清高目中无人，作为皇亲国戚的琅琊子弟瞧不起庶民或低于他们琅琊士族的子弟。"

搬弄是非，有些人无师自通，挑拨离间的军事哲学全让一些人用于人与人之间的相处，这导致国人在封建王朝中长期陷入自我挣扎中，特别是一旦在国家政事上玩起这一套，就是造成官员结党营私的根本。对于在王述耳边的那些人来说，落井下石总比雪中送炭来得容易。而且，看着士族间的相互争斗，对于寒门子弟来说，会有一种报复得逞的快感。

最后，王羲之还是出席了王述母亲的葬礼，但在某些人眼中王羲之不登灵堂就是不尊礼法，是藐视，是侮辱，是对主人的大不敬。王羲之拜祭逝者后，转身就急着处理那些水深火热的饥荒问题，昔人已去，生者继续。

况且，身为一郡之首，不应该把百姓的利益放在首位吗？而且，在王羲之的眼中他还真是看不上这位"大孝子"。一个与鸡蛋都会斗气的奇葩之人，王羲之不屑与之为伍。原来在王述出任为官时，除了一心敛财解决生活贫瘠问题，还心胸狭窄。

在得知王述守丧归来就任扬州刺史后，王羲之第一时间眉头紧锁，自己看不上的一个人竟然接替殷浩成了自己顶头上司，这可真是奇耻大辱。王羲之想到一个绝佳的计策脱离王述的管辖范围。

他派出参军上奏朝廷，请求朝廷将会稽郡从扬州划离出去，单独成立越州。参军以为自己长官也想做个刺史，来到京都陈说此事，被朝廷名流志士一顿嘲笑，而且王羲之也低估了自己颁布"禁酒令"的影响，你让大家不愉快，大家也不会让你称心如意。这世上从来不缺小人，东晋朝廷也是挤满了一帮成事不足败事有余的主。

王羲之知道自己的政治生涯马上就要走到了终点，这对他来说不是坏事，况且自己本来就无意做官。会稽王司马昱执掌朝政，一心北伐，殷浩倒下也不能阻止东晋军事家们收复旧地的决心。大将军桓温同样蓄势待发，成了北伐的主力。

对于王述的上任，众人当然都是欢迎之至，因为王述为官宽厚，“禁酒令”绝对可以撤销了，一些酒虫都可以闻到久违的酒香了。

为了挤走王羲之，一些所谓的谋士出主意说，不如考核会稽郡的不法行为和胡乱颁布政令的官员。王述也是顺水推舟地想知道王羲之是否后悔当日不进灵堂祭拜的无礼行为。

王羲之称病卸去会稽内史一职。对于官场的种种，王羲之彻底失望，并非自己贪恋官位，而是做事畏首畏尾的感觉简直是一种折磨。于是，王羲之摆宴设席，放好祭台，来到父母墓地发誓不再为官。

誓文曰：“维永和十一年三月癸卯朔，九日辛亥，小子羲之敢告二尊之灵。羲之不天，夙遭闵凶，不蒙过庭之训。母兄鞠育，得渐庶几，遂因人乏，蒙国宠荣。进无忠孝之节，退违推贤之义，每仰咏老氏、周任之诫，常恐死亡无日，忧及宗祀，岂在微身而已！是用寤寐永叹，若坠深谷。止足之分，定之于今。谨以今月吉辰肆筵设席，稽颡归诚，告誓先灵。自今之后，敢渝此心，贪冒苟进，是有无尊之心而不子也。子而不子，天地所不覆载，名教所不得容。信誓之诚，有如皦日！”

# 三、辞官归隐与畅游东海

王羲之厌倦了乌烟瘴气的官场，在父母陵墓前发誓余生不再为官，从此与朋友钟情山水。王羲之与好友支道林、谢安同游东海，终于达成了幼时跟卫夫人习书时的心愿。

王羲之终于见到大海，无边无际的大海蓝得绚烂，美得窒息，只是单一的水和波就构成了壮阔的画面，人处在单薄的小船上随风摇摆，同游的有孙兴公、谢安和支道林。小船的樯橹在船夫的手中越划越远，起风了，大海的波涛开始翻腾起大大小小的浪花，王羲之忽然想起了跟随卫夫人学书时第一次坐船的窘态——自己竟然晕船了。想起了卫夫人的过世，不免一阵唏嘘。孙兴公在耳边大喊大叫“吾不会水，风浪太大，咱们往回走吧！”一旁的谢安自小在水边长大，当然不会是个旱鸭子，站在船头，摇头不语，船夫见谢安默不作声，还是一如既往地往大海更深处摇去。不一会儿，风势更急，浪更大，船只摇晃得越发厉害，孙兴公倒在一旁大吐不止，和尚支道林在一旁开始诵念佛经。王羲之微笑地看着两人，见一旁的谢安还站在那双手掩口长笑不止，王羲之问道：“大家都不会水，安石，我们一同落水，你能救几人？”“你不会水！？看你神态自若的样子，原来竟然是个旱鸭子……”

谢安朝着船夫喊道：“既然这样，那就回去吧！”

谢安回到船舱回答王羲之刚才的问题：“大家若落水，吾只能救一个人。”谢安用手指了指自己，众人不解，谢安见大家不解，解释道：“吾会水，只限于狗刨！”

众人闻此哈哈大笑。孙兴公恨不能一脚把他踹下船去。王羲之在一旁大喊道：“彼此彼此。”

东游大海归来，大家一起钓鱼为乐。谢安好奇地问支道林：“你一个出家人也能随我们一起钓鱼吗？”

支道林答曰：“子非鱼，安知鱼之苦，吾去超度它们。”

谢安顿悟想到自己未来出仕之后的方向，答曰：“子非吾，安知吾不知鱼之苦！”随后对着支道林作揖拜谢。

王羲之感慨眼前放荡不羁的隐居生活，致信谢万：“古之辞世者或被发阳狂，或污身秽迹，可谓艰矣。今仆坐而获逸，遂其宿心，其为庆幸，岂非天赐！违天不祥。”同样的，向谢万询问朝廷北伐之事。辞官归隐的王羲之虽然选择隐居生活，仍时刻关心朝廷的北伐动向。而且，身边的谢安时不时地传出关于谢家儿郎在朝廷的见闻。王羲之知道隐居的谢安不会眼睁睁看着谢家在朝廷一蹶不振，他早晚会出仕。

家书忽至，幼子王献之由秘书郎转任秘书丞，王羲之感慨自己最小的儿子也已经十四岁了，想起自己也担任过秘书郎，转眼已经三十二年过去了，屈指算流年，真不知还余多少岁月，于是回信道 ：“吾唯便便，便知无复日也。诸怀不可言。知彼人已还。吾此犹有小小往来。不欲来者，七野近，当往就之耳。不大思其方，不见可久理。而任之者悠然。此可叹息。”

王羲之夫妇唯一放心不下的就是小儿子王献之了，如今他已到弱冠之年，是到了谈婚论嫁的年纪了。回首他与妻子郗璇的东床之婿已经几十年过去了。

## 四、六子之殇

人过五十，一切浮躁喧哗的世界犹如过眼云烟。王羲之不再像年轻时那么心浮气躁，心像一面镜子，照着外面纷纷乱乱的红尘世界，可暂得解脱。很多事情说起来容易做起来难，原因不过情、仇、名、利而已。

于王羲之而言，从东海归来，见过了无边无际的辽阔海面，心境也随之开阔无比，环境真的可以影响一个人的事业，更会影响人的心胸。身陷狭小的一方天地，总会庸人自扰地执着于眼前的蝇营狗苟。这并非人生下来就是这般如此，而是后天的功利浮沉于心，大家你追我赶，争名夺利，相爱相杀，最后图的不过是个更长久的安稳。王羲之虽然时刻关注当朝的局势变化，但从来不涉足政治旋涡的中心，京都建康的一切斗争都与他无关，所以他说话的分量也随着琅琊王氏的衰弱而减弱。

北伐大都督现今是桓温，前不久闻讯，中央军打败姚襄军，也算是为死去的殷浩报了倒戈之仇。如今，王羲之膝下七儿一女，唯有幼子王献之（官奴）尚未婚配，自己内外孙已经有十六个，不知不觉中，王羲之独立门户的家族规模有了人的基础。闲暇时，王羲之作为一家之主怀抱幼孙，也在体会做爷爷或外公的趣味。自己庄园的果树杂多，家人喜欢的李子、杏子和橘子树应有尽有，但是，橘子之甜还是要数贡橘，还记得多年前，好友从四川发过来几筐橘子，自己给家里人送去三百枚新鲜的橘子。

在园子中，若发现成熟甘甜的果子，王羲之会切开分给大家。作为一位历经风雨的老人，他希望自己的子孙懂得做人敦厚退让之礼，而不是自恃家族的荣誉骄横待人，若发现家里人轻薄处事，王羲之也会对他们讲西汉万石君石奋的典故。石家父子一门做事谨慎，石奋的儿子与父亲同朝为官，当皇上问起车中有几匹马，儿子石庆举起马鞭清点马的数量后才禀告皇上。王羲之真心希望自己的王氏一脉能够长长久久地传承下去，时刻谨记“勿以善小而不为，勿以恶小而为之”的做人做事道理。

于王羲之而言，自己这个父亲与孩子们聚少离多，即使赋闲在家，也是一心于书法之事，自己所推崇的三大书家钟繇、蔡邕、张芝，不囿于古人，独创出自己的风格：今楷，今行、今草之体。

祸福难料的世事让这位在晚年荣登书艺最高峰的老人，品尝到了什么是“白发人送黑发人”的悲苦，命运总是在你心境日趋平和时给你点颜色看看。长子王玄之在无声无息之中染病亡故，与妻子何氏婚后无子，只好将自己弟弟王凝之的孩子王蕴之过继为子嗣。

王玄之作为王羲之的长子，在家中一直只能是大哥的身份，母亲接二连三地为自己带来六个弟弟和一个妹妹，年龄差距让王玄之在家里觉得作为兄长必须要有哥哥的模样，在孩子众多的家庭里，作为老大多半会是比较乖巧，听父母的话。

王玄之英年早逝的命运像极了自己的伯父王籍之。今天我们只知道老大王玄之有幸参加过其父亲主持的兰亭集会，作诗一首：“松竹挺岩崖，幽涧激清流。消散肆情志，酣畅豁滞忧。”王玄之的诗如王玄之的人一样，静静地从人间走过。随之而去的是他的弟弟王涣之。

在父亲光辉的笼罩下，七个孩子活成了七个模样，大哥沉稳，二哥一心求道，三哥为人谦和，五弟王徽之高傲，任诞不羁，六弟操之识大体，七弟最是风采俊逸，能继承父亲书艺衣钵，徽之最是喜爱自己这个弟弟。

后世宋黄伯思《东观余论》云："王氏凝、操、徽、涣之四子书，与子敬书俱传，皆得家范，而体各不同。凝之得其韵，操之得其体，徽之得其势，涣之得其貌，献之得其源。"

如今，我们了解王涣之的生平，只能从他写过的一首诗中，抽丝剥茧地发现他的个性。兰亭集会，王涣之有诗一首："去来悠悠子，披褐良足钦。超迹修独往，真契齐古今。"他自己在酒后感叹道，古往今来的悠悠古人，虽然身穿粗布衣服却做着家国天下的事情，不因贫苦而改其志向，在古往今来的历史中一直坚守着自己的梦想。无论哪个时代都会有一些人固执地走在自己坚定的路上，被历史遗忘也是无可厚非的，因为总有一些人只能活在当下，只能影响他自处的一方世界，更多的人只是历史面板前的一只小鸟。

四子王肃之，字幼恭，是一个比王涣之更低调的人，参加父亲兰亭集会，留下匆匆一撇的诗作："嘉会欣时游，豁尔畅心神。吟诗曲水濑，渌波转素鳞。"

魏晋的诗作一开南北朝山水诗先河，后世谢灵运继承魏晋风流的激情山水。虽然国家在更迭，家园在变迁，但人之情赋予这一片天地从未变过。尽管东晋的这几首山水诗无法与后世的名家名作相比，但朴素的情感已经在酝酿，兰亭集序的诗作距离建安派风骨已经过去百年了，战火烧毁的家园可以重建，战火打破的家庭可以重组，战火烧尽的焦土可以恢复生机，可战火带来的重生让昔日的豪情不在，或者走形，风骨无奈地摇头变成了风流，诸子百家统统可以入道炼丹，世俗的困局无法让人们解脱。天地这一片大牢笼，笼罩着世间的你我，除了打仗还能做什么，不修仙怎么活。众多道家士族子弟曾经不止一次地思考着当时的世界。

六子王操之，字子重，擅长草书隶书，得其父书风之体，官职历任秘书监、侍中、尚书、豫章太守等职位。王羲之一门七子无一位武将，很可能就是王家自从王敦把持朝政，最后身首异处。无论是来自朝廷的削弱，还是王家的断臂自保都使王家不再踏足军政大权，只是游走在文职类的大大小小官职之中，只有后来司马昱担任丞相，叔父家王彬二子王彪之出任过镇军将军之职位。

王羲之虽然退居乡野，而且此后永不入仕途，但他并不阻止自己的孩子们在朝廷为官。在得知自己的侄儿王彪之来会稽任职的消息，王羲之深感欣慰地写信给他，来表达自己的喜悦之情。聚少离多的王氏各族，尤其是王羲之父亲这一代的兄弟姐妹大多辞世，堂兄弟们也是在为各自的家庭奔波。虽然王家在整个东晋王朝门生遍天下，大多的时候已经被无情的时间打得七零八落，自从王导仙去，再加上王敦之流的霸权失败，王家开始走下坡路。虽然瘦死的骆驼比马大，但王家自此再无一个中坚力量振兴门楣。当初，王敦之乱失利后，王导在朝廷与外戚庾氏家族争斗，在外围的政治地盘斗争中王导数次邀请王羲之来京助他一臂之力，重振王家辉煌，王导深信，凭借王羲之的才华与名声，重振王家名声指日可待。

虽然王羲之与他的父辈相处不太融洽，但他还是有一颗包容之心，王导次子王恬与王羲之感情原本就不错，在永和二年迎回父亲的棺椁时王恬与王羲之跑前跑后。说到王恬，不得不提起他的哥哥王悦。王羲之被人以书绝冠名，王悦以棋绝名世。王悦敦厚善良，为人谦恭，恪守孝道，偏心的王导看见自己大儿子就满心欢喜，看到自己小儿子王恬就拉下脸来。王悦每一次都是亲自准备马车，送父亲上朝，在家里王悦替自己彪悍的母亲曹氏整理物品。苏俊叛乱，王、庾两家政治争斗愈演愈烈，王悦处在夹缝中染病身亡，对于老来丧子的王导可以说是个沉痛的打击。每一次坐上马车，看到车辕旁再也没有熟悉的手臂相扶，王导总是一路流泪到官署。而他的母亲曹氏解决了王导养小妾的问题后，每日看着儿子帮忙整理的衣物箱子，从未打开过一次。

弟弟王恬在哥哥离世后，离开京都去外地做官。王羲之爱屋及乌，痛失良友，与王恬一直保持着融洽的关系，一位失去了自己敬爱的哥哥，一位失去了挚友，两人因为同一个人而走到一起，成为双方后半生的好友，从堂兄弟变成了朋友。

王导一生都未交下自己的这位侄儿，倒是两个儿子与王羲之从亲情上的堂兄弟做到了人生路上的朋友。王悦痴迷于围棋之道。都说世事如棋，王悦在下自己的棋，命运以大地为棋盘，以人为棋子，以心路为棋线，王悦第一时间投降认输，早早离开这一无解的困境之局。

王悦走后二十多年，王羲之仍然孜孜不倦地走在自己书艺路上。有没有尽头，能否到尽善尽美的境界已经不重要了，在书法的世界里，王羲之走得太远太孤独，尽管在外人眼里王羲之的名声达到举国桂冠，开创属于自己的一代书风。无论是楷行隶草，还是在尺牍信函中展现的行楷行草都已经在他手中融化一炉。书情即人情，人情不绝则传情达意的汉字之美永不断绝，大美易逝，大音无声，大象无形。面对小儿子王献之日益进步的书法，王羲之仿佛看到自己就是这样一步步走过来的，幼子王献之已到弱冠之年，年方十五的官奴时常劝慰父亲再创新体，王羲之沉默不语。

书道一途，任何一体走到尽处都是绝路，“破体”的任务就交给你们这些年轻后辈吧！

年轻气盛的七子王献之继承了父亲对书艺的执着之心，早在他五岁临习书法时求破求新的志向在母亲面前就开始展露无遗。

自幼王献之就在几位哥哥和姐姐的照顾下投身书艺，这是一种时代传承的家风，也是个人修身养性的开端。字正则身正，习字犹如父母在言传身教，王羲之前半生的大多数时间都在东奔西跑，白云先生用修道之法告诫王羲之在唯有道法自然，行万里路观大自然一切动静变化。

在出任护军将军前，王献之开始展露书法的天分，王羲之为了培养他的兴趣，写下《乐毅论》，写就自己半生的楷书心得。他在庄园里准备了十八口大缸，里面装满了雨水，我们所熟知的故事就发生在这个时候。

对于小儿子，王羲之自己也未曾想到这个小家伙会在书艺的造诣上超越几位哥哥。“知子莫若父”，幼小的王献之骨子里透着一股傲气，而且有一种不服输的劲。在母亲郗璇身边长大的王献之看着自己的几位哥哥在书艺上都有不错的成绩，而且，自己的父亲竟然名声江左，自己有这样的父亲，他既自豪又有负担，母亲郗璇看着自己最小的儿子有意于在书艺上走下去，就全力培养他。对于王羲之家族而言，孩子的兴趣在哪就往哪培养，不强加干涉，不妄加阻挠。

王献之每天就在那练字，读着父亲留给自己的字帖，急切的心态让他每天练完字就跑去母亲郗璇面前展示一番。

做母亲的当然明白小孩子的那点心思，日益在夸奖中的官奴太急于求成，一心要比肩父亲，这是好事，但是过犹不及的道理，小孩子还不懂。母亲拿着字帖一页页翻看，语重心长地安慰孩子，说父亲在做护军将军前特意留下十八口装满了水的大缸。

孩子，十八口缸是你父亲对你的期望，虽然没有墨池去证明你的努力，但是，写完这十八缸水，你的功夫就到了。这世界上并不缺乏拥有天份的人，比天赋更让人进步的是持之以恒的努力，耐得住多大寂寞，就能取得多大成就。

你的父亲能有今日如此成就，不是因为秉承家学，而是他比同代任何人都努力，且不问何时能有成就，成功有时候是水到渠成，而不是强求得到的。

即便你的父亲有如此盛名，仍然在孜孜不倦地勤加练习，以求自己能突破前人。

当王献之练完五缸水时，专心地写一篇字，并模仿自己父亲的字体，写了一个“大”字。归家回来的王羲之看到小儿子写的字帖，就在“大”字的下面用笔点上一个点。王献之送到母亲手里，母亲点评说“唯此点像极了你父亲！”王献之闻之，才明白大字上面的点根本就不是自己书写的，而是父亲给自己的评语。官奴终于认识到勤学苦练可不仅仅是简单的付出！

有如此鸿沟的差距，王献之一颗幼小浮躁的心终于安定下来。正是在父亲王羲之的面前，王献之收起了自己可怜的骄傲心态，这世上哪有不努力的天才，即使世家相传的深厚家学在无心人那里也会淹没在历史尘埃中。是做个开拓者还是做个拾人牙慧者，王献之选择了前者。

升平四年，王羲之的身体每况愈下，五十八岁仍然保持服用“五石散”的习惯，当“行散”成为一种习惯后就像烟瘾一样如影随形。一种风气演变成一种生活习惯，王羲之对于外在口欲的追求日趋减少，身体的老化开始超过追求一颗求道的心。人上了年纪就开始喜欢唠叨，总是惦记自己的亲朋好友，亲情日显珍贵。外在的物质和奢华生活从来都不是王羲之追求的，身为琅琊王家子弟，他有自己的田产，现在又拥有了自己隐居的庄园，即使百年之后，妻子还是会有个地方养老，自己的几个儿子各安天命，也不是他一人能左右的，唯一一位未成婚的幼子王献之也要成婚了，女方家是王献之舅父郗昙的女儿郗道茂。

娘亲舅大，妻弟的女儿将要过门，可真是亲上加亲，郗道茂比王献之年长几岁，作为王献之的堂姐，两人真是情投意合。同妻子商议后，王羲之把《兰亭集序》原稿作为聘礼送给了郗昙也算是尽到了为人父母的一份责任。

对于自己身体的隐患，王羲之知道有的是小时候烙下的病根，更多的是服用“五石散”带来的病痛。王羲之网罗许多偏方给自己和亲朋好友介绍治疗病痛的方子。西晋名医皇甫谧流传下来的《针灸甲乙经》对于老年常见病症都有独特的见解，另一位名医张仲景的《伤寒杂病论》也已经流传，令人可笑的是大家只是重视其中“五石散”的驱寒、性起增力的作用，而忽视其他副作用。王羲之渐渐感到求得长生与健康是一件很奢侈的事情。在一封书信中，王羲之写到自己的身体状况：“十一月四日，羲之白；冬中感怀深，始欲寒。足下常疾何如？不得近问，邑邑。吾故苦心痛，不得，经日甚为虚顿。力及不具。”

脆弱的身体碰上一颗坚定的道心，王羲之服丹的习惯一直到自己辞世。

相比来自身体病痛的折磨，更大的打击则是来自家人和亲朋好友的生离死别。晚年的王羲之已经痛失两子，王玄之和王涣之病故，在服用五石散的时代，个人体质和中毒后解毒的能力是不一样的，王家一直迷信道教，即使重病，第一时间想到的也是用道教祖师爷的方法，而不是叫来大夫医治，太平道救人采用的第一个方法是用符纸。道士用毛笔蘸取朱砂等物在符纸上画符，烧成灰烬后让病人服下。另一个方法则是让病人深处静室，叩头思过，令人扮作鬼吏，闻其病者姓名，让其陈诉自己曾经犯下的过错，再将所犯过错记录下来，求得上天谅解。在当时的人们看来，病魔缠身是一种现世报，平日里所犯下的错或是欠下的债，都会以病痛的形式导致一个人受折磨。

在他们看来，医理的作用很多时候都只是为了练气养气修行，道教的《黄庭经》开篇说道："是曰玉书可精研，咏之万过升三天。千灾以消百病痊，不惮虎狼之凶残，亦以却老年永延。"从中不难看出，《黄庭经》自言只要诵读万遍部曲修行即可成仙，对于笃信的道士而言，有点小病小痛相比于得道成仙不算什么。

上述方法都无效时才会请来大夫诊治，可想而知，这无疑加重了大夫诊治病人的难度，而且对于病人来说这么一折腾，没几个好体质的人能受得了。

更沉痛的打击来自王献之。王献之和郗道茂婚后产下一名女婴，取名玉润。可怜的小东西一生下来就体弱多病，这也许是近亲结婚的后果。王献之为了给自己的这个女儿治病，辞去官职。当时流传着一种说法，做官之家的家人或自己有重病，辞去官职，有助于病人的康复，也能延长病人的寿命。因为在那时看来，做官命犯煞星，与民对立，辞官不做就是向神仙允诺不再为恶。王献之闻听此说，马上辞去官职，在家日夜同妻子守着孩子。

但是，命运的轨迹总是飘忽不定，初为父母的子敬和郗道茂深感为人父母的心酸和不易，两人在这份苦难中能做的只有诵经念佛。毕竟没有什么比看着自己的孩子还未长大成人就夭折更痛苦的事了。

作为孩子祖父，王羲之提笔为王献之书写请辞信。

官奴小女玉润，病来十余日，了不令民知。昨来忽发痼，至今转笃。又苦头痈，头痈以溃，尚不足忧。痼病少有差者，忧之焦心，良不可言。顷者，艰疾未之有，良由民为家长，不能克己勤修，训化上下，多犯科诫，以至于此，民唯归诚待罪而已。此非复常言常辞，想官奴辞以具，不复多白。上负道德，下愧先生，夫复何言？

还未等到回信，这位女婴就带着一身病痛离开了爱她的父母，这是王羲之家族中第一个夭折的孩子，王献之与妻子郗道茂只能一起面对他们人生的第一次打击。未来的婚变还在等着这一对新人，王献之阴差阳错地成了驸马。

还未从伤痛中走出来，王献之岳父郗昙的卒讯传来。古人言：祸不单行，接二连三的亲人离世让人唏嘘。王羲之辞官后的平和心态已经被生离死别绞得粉碎。带着这份无奈和悲痛，他在书信中写道："追寻伤悼，但有痛心，当奈何奈何。得告慰之。吾昨频哀感，便欲不自胜举。旦复服散行之，益顿乏，推理皆如足下所诲。然吾老矣，余愿未尽，唯在子辈耳。一旦哭之，垂尽之年，将无复理，此当何益。冀小却，渐消散耳。省卿书，但有酸塞。足下念故言散，所豁多也。王羲之顿首。"诚然王羲之在书艺上渐入浑然一体的境界，但他那颗受制于仙道的心仍然与俗世中孱弱的身体矛盾着，为了对抗衰老而修道，服药导致的衰老加速着他的衰老，成了一种恶性循环。

人生而不是豁达地活着，而是活着时达到豁达的境界，获得些自由，人生苦短的悲哀之情可以被恬淡心态冲淡一些，可是，比起死亡的虚无、失去亲人或是爱人的那种刻骨铭心真的让人无法释怀。在《兰亭集序》中王羲之醉酒言道，老之将至，情随事迁，感慨于此。

后世词人元好问国破家亡后流浪，在四处飘泊的日子里与朋友相约醉酒赏月，欲将心事付流云，感慨道："人生百年有几，念良辰美景，休放虚过。穷通前定，何用苦张罗。命友邀宾玩赏，对芳樽浅酌低歌。且酩酊，任他两轮日月，来往如梭。"离世前的几个月王羲之每天与亲友或自己的儿孙们共度夜宴，在人间不多的日子里，王羲之怀抱幼孙，人丁兴旺的欢声笑语都定格在日益衰老的老人心里。

升平五年，东晋司马丕即位，庆祝司马丕登基的贺表刚发出去不久，王羲之就病倒，家人请来当时的名医杜恭。

杜恭对自己的弟子曰："右军病不差，何用吾？"言外之意，王羲之的病已非人力药石所能医治。这是生老病死的范围，不是医生治病救人的职责。

十多天后，王羲之病殁。年五十九。

用世俗的眼光看，一位历史上集大成的书艺大家晚年怎会愚昧到继续服用丹药这剧毒之物。王羲之的一生就像书艺海洋中的飞鱼，他像鱼儿一样在海里畅游，只为在先人的成就下自己能更进一步，离尽善尽美的完美之境更进一步。

在动荡的岁月里，王羲之的字和他的个人魅力在当时犹如沙漠里开出来的花朵，遗世而独立，他将人对于美的追求体现在字的表达上。这种美正如诗词中的唐绝句，宋词中的江南烟雨混着北方荒漠的尘埃，这尘埃中混着凝固的血液味道。

在爱恨不得的纠葛父爱之中，王羲之的前半生一直被这位历史上离奇失踪的父亲所牵绊，无论是不与王导一脉为伍，还是随波逐流地在王敦之乱时的敷衍站队，一直默默无闻的王羲之心里只有一个信念，那就是被压抑住的渴望，对自由超脱的向往，对尔虞我诈的政治的厌恶和摒弃。

妻子郗璇在王羲之病殁后与儿子王徽之相伴，辞官隐居的五子王徽之在洒脱这一方面做到登峰造极的地步。几个兄弟各有千秋，唯有王徽之，在仕途上看淡官宦生涯的穷途末路，在对待生活的态度上继承父亲洒脱的秉性。

五子王徽之，大家总是亲切地称他为王子猷，因为王徽之字子猷。在当时“子猷”这两个字是一种生活方式的代表，当时的人们钦佩子猷的才华，但是不赞同子猷“行为主义”的生活态度。

东晋风流尽在王子猷一生之中。在外人看来，身为琅琊王氏中的翘楚，王羲之的子嗣应清楚，士族与庶族是不同的，但是绝对不是子猷那种身为大司马桓温的参军仍然是蓬头散发，长袍不裹腰带，不闻自己职责的那种与众不同吧？桓温碍于王羲之的面子悄悄地把王徽之调到自己弟弟车骑将军桓冲那做参军。

琅琊王氏子弟名声在外，对于来自大哥桓温举荐过来的参军，桓冲亲自接见并询问在桓温军曹何署，王徽之的回答与桓冲的提问成了魏晋人士放荡不羁的代表。

“卿所在何署？”

“好像是马曹。”

“管理多少马匹？”

“不认识它们，又怎么知道马的数量呢？”

“那些战马的死亡率是多少？”

“未知生，焉知死！”

一番对话下来，桓冲算是领教了说话不在一个频道上的痛苦。原来学问与语言真的可以让人，特别是一介武夫崩溃，此时的桓冲终于意识到王家的这位妙人不是自己所能驾驭的。

有一次，子猷跟随桓冲军队出征，路上偶遇暴雨如注，身为参军的子猷有幸下马被安排进马车中避雨，浑身湿透的王徽之看着坐在车上的桓冲，开口问道：“公岂能独坐一车？我来陪着你吧！”

不久，王徽之主动辞官归隐，不按套路出牌的他不再游戏官场，因为他深知自己不适合在那个圈子混，那样只会让自己难受，让别人痛苦。

归于田园的王徽之随着父亲一起居住在山阴，自己寻得一处空宅子住了下来。他还命人求购良竹，种在自己临时租赁的园子中，有人不解地问为何在临时居住的园子里种下竹子，也不能带走。王徽之在园子里边散步边高歌吟唱，不久之后才指着竹子说道："何可一日无此君邪！"

众人拜服，虽然园子是租来的，可是住的人却是自己，赏竹的情趣是自己的，正如身体的皮囊也是一个灵魂的临时住所，但寄存在身体中的灵魂总要做自己喜欢的事情，尽管人的一生不过匆匆几十载，可一颗追求自我的心一旦觉醒就不会停下来。

王羲之如此，其子王徽之如此，王献之如此。东晋绝代风华中独领风骚的各界人士莫不如是。

一颗寻找自由的心只要活着就不会用世俗的规则束缚自己。王徽之闲居山阴，听说吴地有一士大夫家中院落深藏数种翠竹，整片竹林苍翠喜人。王徽之坐车出发了，去别人家的竹园"一日游"。竹园主人在大门外早早地摆下酒席，打扫庭院以待贵客。王徽之赏竹之性情被勾起，踱步吟咏，流连忘返，忘了主人还等他入席开宴。

作为酒痴，酒则是王徽之第二生命，早在兰亭集会时他就与舅父和其他客人拼酒大杀四方。

对王徽之而言，对他脾气的人就是朋友。住在剡县的戴逵，与王徽之相交深厚。戴逵，字安道，是当时著名的美术雕刻家，此人也是南渡后的北方士族，终生不愿意为官，擅长雕刻佛像，并且独创夹纻漆像的方法，将漆工艺的手法运用到雕塑上面。戴逵与王徽之对为官都没有多大兴趣，两人志同道合，彼此惺惺相惜。

一年冬日，一个竹林墨影斑驳的夜晚，夜雪初霁，月色清朗，四望浩然，王徽之独坐竹林自斟自酌，吟咏高歌。其诗作曰：

杖策招隐士，荒涂横古今。

岩穴无结构，丘中有鸣琴。

白云停阴冈，丹葩曜阳林。

石泉漱琼瑶，纤鳞或浮沉。

非必丝与竹，山水有清音。

何事待啸歌？灌木自悲吟。

秋菊兼餱粮，幽兰间重襟。

踌躇足力烦，聊欲投吾簪。

天地之间、雪夜之中弥漫着一个醉客的思绪，思绪中出现了一张张脸孔，王徽之一时兴起，脑海中浮现出一个声音："去见戴逵。"如此良辰美景岂能酣睡。

一次想起就行动的旅行开始了。孤舟滑行在雪夜江河中，画出一道黑色的曲线，王徽之坐在小船上手捧酒壶，举杯望月，聆听风声，看遍雪景，船夫一同感受着王徽之的热切情绪。

轻舟仿佛钟表的上指针，一双樯橹划过一夜的时辰，剡县出现在眼前，戴逵的住所近在咫尺。王徽之起身站在船头，举目眺望，良久之后，开口道："回程！"

船夫追问了一句是否真的返回，王徽之解释道："吾本乘兴而行，兴尽而返，何必见安道邪！"

此事之后，王徽之之名传遍江左，其性情放荡至人所不及，世人在口中掀起了一股子猷争论。

一方面爱慕其才华至情至性，做人做事率真，一方面人们贬低他言行无理，举止荒诞不羁，惹人诟病。总之，王徽之之名大起于世。

东晋朝廷爱其才华，又是琅琊名门之后，任命王徽之为黄门侍郎，不几日，王徽之又一次辞官归乡。所坐之船途径建康渡口，恰逢去淮南担任太守的桓伊，王徽之经旁人介绍才得知桓伊是何许人也。

桓伊，字叔夏，小字子野，为人谦和，为政宽恤爱民，善吹笛，号称"江左第一"，是"笛圣"。

子猷放下手里的酒杯，随即派出随从追赶桓伊的马车。此时王徽之刚刚辞官归隐，而对面的桓伊俨然已是显贵人物，心怀忐忑的下人硬着头皮传话曰："闻君善吹笛，试为我一奏。"就站在一旁等候答复。

桓伊闻知寻笛之人是子猷，起身站在车头，命人摆放胡床，取出锦盒中的长笛，有识之士一眼就认出此长笛出自东汉著名书法家兼音乐家蔡邕之手，这把笛子名作"柯亭"。桓伊的随从都知道这把笛子对大人意味着什么，每当桓伊先生创作新曲或是心有仰慕贤士或挚友时才会拿出演奏。难道桓伊大人要为面前的王子猷新作曲调。

桓伊抚摸横笛，定睛望着船只上自斟自饮的身影，六指横按笛孔，素有"剑胆琴心"的他，调整气息，成调"三弄"，后世称之为"梅花三弄"新曲。

只见船上的王徽之迎风伫立船头，举杯浅酌，对面的桓伊身穿青色长袍，风度翩翩，坐在胡床上吹笛。众人围站在一旁，聆听笛声悠扬婉转。

曲尽，桓伊收拾横笛，柯亭笛子重回锦盒，只留下人们闭着双眼陶醉在笛声的余音中。

马蹄声渐渐远去，闻笛的人们才睁开眼睛，情不自禁地抚摸脸颊，擦掉泪水："怎么会流泪了？"每个人都在心里暗道。

桓伊大人呢？众人望去，人早已远去，王徽之斟满一杯酒向着桓伊远去的方向倾倒在河水里，从始至终两个人都只是遥望着对方。桓伊不问，徽之不答。两人一位饮酒闭目聆听，一位闭目谱写新曲赠名士。

交友能做到如此洒脱的地步也是旷古绝今了，东晋的子猷与桓伊赠曲不着一字，两处友情，尽得风流！在他们之间没有世俗的身份羁绊，君子之交淡如水。

王徽之将自己的人生活成了书艺，心里抛下楷书的法度，活得像父亲王羲之手中的草书，让人无处寻迹。

更多的时候，王徽之在自己的世界里活得就像个孩子，他任性放诞地活着，不喜欢官场的生活，说辞职就辞职，做不来就是做不来，做得来也不做官，表面上的游戏人生，深层次地寻求解脱。

当王献之的身体每况愈下时，笃信太平道的王徽之为弟弟请道士祈福。道教术士坦诚地告诉王徽之：“人命应终，而有生人乐代者，则死者可生。”

徽之答曰：“吾才位不及如弟（王献之），请以余年代之。”

术士推算道：“代死者，以己年有余，得以足亡者耳，今君与弟算俱尽，何代也？”

王徽之闻听术士之言，乘车赶往建康，直奔弟弟王献之的驸马府，以求见上弟弟最后一面。可王徽之未到，就接到了驸马病世的消息，王徽之剩下未走完的路就变成去奔丧的路程，一路上王徽之沉默不语。

王徽之直奔灵堂，不发一言，走到献之的棺椁前，取下子敬生前的古琴，瘫坐一旁，拨弦弹之，许久未成曲调。压抑许久的他开口长叹呜咽道：“呜呼子敬，人琴俱亡！”言毕倒地昏迷。

王徽之伤心欲绝，自从父亲辞世之后，几个兄弟聚少离多，而且，两位哥哥辞世更早，在王徽之心里，自己这个弟弟的才华不减其父，兄长们都是看着王献之长大的，也唯有这位弟弟真正继承父亲衣钵，怎奈造化弄人。望着漆黑的棺椁，王徽之如坠梦里，看不清真实，人亡琴也无声，呜呼哀哉！王徽之悲从中来，自此病倒，加上久服用各种道家散剂丹药，导致身体一下子垮掉，后背旧疾复发，整个背部溃疡裂开，血流不止，月余之后散手人寰，追寻弟弟王献之而去。

次子王凝之。

在王羲之众多子嗣中，唯有次子王凝之不得善终，而且生前大半生的时光都活得非常低调，低调做人，低调修道，低调临习书法。

直到他成年后，他的婚姻才进入人们的视野。原因就在于他迎娶的这位女子——谢安的侄女，谢奕之女谢道韫，史上有名的十大才女。

在一个男权社会里，女子能有名于当世，不是背负红颜祸水的女子，就是沦落风尘的痴女，而谢道韫则因为自己的出身，闻名于东晋。

谢道韫的父亲谢奕的名气完全来自自己家族的三个人，一个是自己的弟弟谢安，东晋淝水之战的名相；一位是自己的女儿谢道韫；一位是自己的儿子谢玄。谢玄有谢家“芝兰玉树”之名，在淝水之战前收编郗鉴残余部队组建北府军，其部下刘裕在东晋晚期成功颠覆朝廷，开辟南北朝的南朝开端。

言归正传，提起王凝之总会扯出一大堆与他沾边的人。作为王羲之的二儿子，他的名声第一次因为一位女人成了大家眼中的“红人”。谢道韫背负一身才气嫁到了王家，大家总是通过这位才女来审视王家的二少爷。

王凝之的这场婚姻完全是谢安主动找上王羲之的。

在当时的环境中，王羲之的家庭教育是放羊式管理，不强加干涉，不妄加制止。当然，对于书艺而言，孩子们都是必修的课程，这在当时并非是为了培养他们成为书法大家，而是身为士族子弟人生品格修养的启蒙，王凝之擅长草书和隶书，不得不说是他的母亲郗璇的功劳。因为对于王羲之而言，孩子在自己的心结未解开之前，谈再多的教育都无法深入父亲这个角色，而且他们都明白整个国家上层的风气都是在寻求自我的解脱之路。身为东晋开国的元勋家族，维护自己家族的利益就是维护国家的利益。

迷信鬼道的王凝之在其他世家子弟眼中就是个怪人，因为无论是在家还是在外为官，他永远穿着一身道袍，手握拂尘，除了大婚之日脱下过道袍换上了新郎的装扮外，他都一身道家打扮，以道士自居。

大才女谢道韫婚后一向看不起王凝之，婚后回家省亲的她不解地发着牢骚。谢安闻知此事，前来询问道：“王郎，逸少之子，人身亦不恶，汝何以恨乃尔？”

谢道韫答道：“我们谢家人才济济，叔父中有您谢安定天下，兄弟中谢玄等报国将才，真没想到王家差那么远，居然有这样的人。”

不可否认的是，王凝之历任江州刺史或是左将军时行为做事总是先用道家的鬼神之术处理政事，这点让人诟病不已。但是，在王羲之家族内大家是非常尊敬喜爱这位二嫂的，平日里，王献之总是喜欢去二嫂家讨教诗作，而且一旦在外面参加清谈活动，作为王家的儿媳妇谢道韫总是尽显巾帼不让须眉的本色，数次帮助王献之解围。对于这位二哥，兄弟们大多有些怕他，大哥王玄之离世早，长兄如父，在王羲之过世后，琅琊王氏王羲之这一脉以二哥王凝之为长，特别是在王徽之和王献之过世后。

在王凝之担任会稽内史时，整个东晋的政局已经岌岌可危，而且并非来自外界异族的战争，而是内乱，武将专权的宿命自东晋建国一直伴随着东晋灭亡。

在王羲之逝世三十年后，东晋隆安三年，爆发了大规模的流民起义，领导者孙恩打着天师道的名义招集穷苦流民和落草为寇的强盗，从东南沿海进发，一路烧杀抢夺，肆无忌惮地发泄着对富家士族子弟的仇恨，一路攻到会稽郡。当时的会稽郡内史是王凝之，这是王凝之最后出现在历史上。迂腐信道的王凝之闻知此事，按照自己多年的惯例，入室焚香祷告，郡中下属各自为战，坚守自己的岗位。王凝之认为有众将士对敌，自己私下又已经祷告请鬼兵相助，便对会稽郡县守城将士说道："吾已请大道，许鬼兵相助，贼自破矣。"此言就已经决定了王凝之的命运。

面对穷凶极恶的孙恩大军，懈怠抵抗的将士犹如羊群一般一哄而散，大家各自逃命。孙恩领导的起义军虽然善战，但从海上登陆时也不过百十多人，攻下上虞县后，招揽广大农民和奴客，人数也不过数千。可想而知，东晋晚期的正规军队的战斗力和凝聚力已经荡然无存；突袭会稽郡，守城的将士做鸟兽散，面对空城般的会稽郡，孙恩一脚踹开残破的城门，攻入王凝之府邸。当时王凝之年过七十，垂垂老人还抱有一丝幻想，对于同为天师道的孙恩，王凝之寄希望于他放过自己一家老小。可回复王凝之的是刀起头落，一家老小被灭门，唯有谢道韫举起刀砍杀数人后才被俘虏。望着一家老小血流成河的尸体，此时的她还抱着只有三岁的外孙刘涛。她对孙恩厉声喊道："大人们的事，跟孩子无关，要杀他，就先杀我。"孙恩此前听说过谢道韫是一位才华出众的女子，今日又见她毫不畏惧，顿生敬仰之情，非但没有杀死她，还派人将她们送回会稽。

一个孤零零的身影自此走出王家的大门就再也没有回来，举家上上下下百口人除她之外无一活口。自此，东晋进入长达十二年的平定孙恩的战争中。

北府军的掌舵人自谢玄之后落在将军刘裕手中，寒门出身的刘裕一方面对内镇压孙恩之军，另一方面讨平桓温之子桓玄的起兵称帝。北面消灭了南燕政权，在灭了后秦政权后，刘裕取代东晋，建立刘宋政权，中国进入南北朝时期。

而王凝之之妻谢道韫，从此寡居会稽，足不出户，只是打理本家内务，闲暇时写诗著文，过着平静的隐士生活。孙恩之乱平定不久，新任会稽郡守刘柳前来拜访谢道韫。谢道韫究竟跟他说了些什么，不得而知。谢道韫在后半生写了不少诗文，诗集汇编成集，其中诗作《泰山吟》流传后世。

东晋末期，王家的势力日渐衰微，后来崛起的谢家也伴随着谢安和谢玄的病故被挤出了政权之外，唯有桓温的家族势力崛起，其子桓玄继承了父亲的名言，大丈夫不能流芳百世，亦可遗臭万年，起兵做了皇帝。

# 第十五章

# 右军轶事

# 一、“当”字的故事

在王羲之的盛名冠绝整个华夏大地时，一心追求书艺之道的他行走在祖国大地上，很多时候，王羲之在书艺的路上走得像个浪子，前方的路没有尽头，他还要走出属于自己的路。尽管来自家庭的阴云早已不再笼罩着他，而来自妻子的理解和家庭的熏陶让他在这条路上拥有了得天独厚的条件，可是，寻道之路不是谁拥有的书帖多或是拜得名师就能成就自己的。

一个人的进步最大的动力不是来自他人的鞭策，而是来自自己内心深处的不满。在这世上好像只有母亲和妻子知道自己在寻求书艺路上走得有多么艰辛，这世上没有不努力的天才，甚至都没有天才，只不过是一个个偏执狂孜孜不倦地走在既痛苦又欢乐的路上。

古人言，“读万卷书，不如行万里路”，王羲之与家人聚少离多，善解人意的妻子明白王羲之并不只属于自己，他有自己的使命和理想，并且只能自己去努力。

某年春天，王羲之去杭州探访好友，走到苏州小镇一座石桥，举目四望，见前边有一座小村庄，袅袅的炊烟从茅屋顶上缓缓升起，三三两两的农人向村庄走去，一种莫名的情绪让他想起了自己在琅琊旧地的情景，一样的炊烟升起，不一样的家园情怀在心里打转。是的，很多时候人们喜欢称莫名的情绪为乡愁。人生逆旅，人们都在寻找故乡，整个东晋朝廷光复中原，北伐的脚步不也只是为了回到故乡？思绪漫无目的地朝远方四处飞散。

他就站在桥边，直到月亮升起的时候，村庄一片朦胧，眼睛也被雾气打湿，王羲之才收拾情绪，沽来一壶清酒，点了几盘小菜，自斟自饮起来。夜半时分，他带着几分醉意，渐渐睡去。

第二天醒来，忽觉头背发冷，四肢沉重，王羲之心里知道这是昨日站立桥头受风寒所致，却未料到旧疾复发。自小体弱让他明了医理，可是看病还是要寻找大夫。疾病总让人感觉活着就得时刻记得身体还是很脆弱的。随后书童请来了苏州名医为王羲之诊治，结果王羲之整整休养了一个多月。最尴尬的是，出门时身上所带的盘缠看病已用光。

很少为金钱考虑的王羲之开始为眼前的困境寻出路。在他住的旅馆对面有一个当铺，他记得那家店铺的门口招牌“当”字已经破旧不堪，何不写个“当”字去当了，以解燃眉之急？

铺纸磨墨，写好一个“当”字，叫书童拿去当了，价格三十两银子，并嘱托书童少一个子儿也不当。

书童来到当铺，展开王羲之的字，老板一看，果然是好字，就问当多少钱，书童说三十两银子，少一个子儿也不行。老板端详着说：“好字是好字，只是带着病容，不值不值。”

书童回来把老板的话原原本本地说给王羲之听，王羲之说：“嘿，真是虎落平阳被犬欺，好！我王羲之也有卖字为生的一天而且还没卖出去，那就再写一个字。”王羲之又写了一个“当”字，让书童拿去，老板接过一看，撇着嘴巴说道：“这个当字比那个有力多了，可却是带着一份高傲的孤气和一脸的怒气。就这吧，我要了。”

拿钱上路的两人来到杭州会见好友，朋友设了一桌好酒招待王羲之。席间谈及病后“当”字的事情，在座的一位朋友的亲戚，恰巧开了一个当铺，想求王羲之的墨宝。王羲之说：“那个当字你去取回来就是。”王羲之把当票掏出来，交给那人。那人满心欢喜地带着银两往苏州去。

到了苏州，见了当铺老板，就要赎回那个“当”字。老板听他不是本地人，一看当票是真的，就想坑他一次，连本带利开口要他四十两，那人二话没说掏出四十两给了老板。

老板有点纳闷，这明显是坑他，他却喜滋滋地掏出四十两银子赎，就问他：“请问，这个字有什么珍贵的？”那人说：“这是当代大书法家王羲之的真迹。而且只此一张，老东家再会！”老板急了，喊道：“喂，你回来，我拿五十两银子要了，要不一百两，一百两！”那人听都没听，回到杭州，见了王羲之，交出了那个“当”字。

王羲之接过来看都没看，“嚓嚓”两下把那个字撕了个粉碎。那人可惜得不得了，晚了一步，没能救下那个“当”字。

王羲之笑笑说：“生意人最重要的是一个‘和’字，和气生财，这个字是我病好后心情不好的时候、在发脾气的时候写的，带着几分怒气，不好。我现在再给你写一个，保你挂出去能发财。”

于是，杭州的朋友亲自为右军展纸磨墨，王羲之运气着力，挥笔写下一个很大的“当”字。在场的朋友们无不称奇，之后，这家当铺因“当”字生意兴隆。

## 二、舍宅为寺

另一则故事则是发生在会稽山阴，王羲之晚年归隐的一处庄园中。

辞官归隐的王羲之晚年为了锻炼身体，除了养鹅，多了一个爱好就是癖珠，就像现在老人手中握着两颗核桃一样，都是为了锻炼日愈老化的脑力。从童年沿袭下来的养鹅之趣，依然保留，看到白鹅，王羲之仿佛就能看到幼时的自己，在琅琊旧郡依稀记得有白鹅的影子，在白鹅身上依稀记得童年时在卫夫人那里学书法画鹅的岁月，在白鹅的身上，依然记得母亲和哥哥呼唤自己的声音……

一晃岁月悠悠，昔人已去，手中明晃晃的珠子在手心旋转摩擦。王家由琅琊旧地南渡已经几十年，如今王羲之这一支王家后裔在会稽山阴生根发芽，他的双亲已经合葬，身边的孩子们如今一一长大成人，自己在父母墓前焚香祷告不再为官如今已经过去三载，六子一女皆已经成婚，唯有小子官奴年满十七尚未婚配。正当王羲之思索着这些家庭琐事的空当，附近云光寺的玄明和尚前来拜访。这玄明和尚未出家前已是王羲之的好友，而且玄明和尚同样是永嘉南渡的琅琊士族子弟，两人算是患难与共的老乡，如今都是年过半百的老人。在王羲之辞官归隐后来往更加频繁，而玄明和尚所在的云光寺前不久失火，云光寺不仅烧得精光，整座寺庙除了和尚什么也没剩下。右军每日与玄明商议筹建新寺庙的问题，虽不再为官，王羲之仍然关注民生问题，而且自己与支道林有缘，这个忙他会帮的。玄明和尚无牵无挂，又来到了王羲之的庄园，右军备好茶水，两人畅叙古今，玄明和尚心血来潮，问了右军为何不收徒的问题，王羲之停下手中转来转去的珠子，不解地问道："为什么收徒？"

"我有七子，尽是学其所好，隶草楷行，书画诗文，古往今来名家众多，七子中，唯吾幼子亲自启蒙，况且我现在距离书艺尽善尽美的境界差之远矣！恐误人子弟。"

对于王羲之的推托之词玄明和尚沉默不语，而是接着问王羲之玩癖石的喜好。

王羲之闻此来了兴致，将手中的圆石摆到玄明和尚身前，然后小心翼翼地从怀里掏出一条红布，慢慢打开露出一颗碧绿色的珠子，只见这颗珠子呈现椭圆形，在阳光的照耀下明晃晃的，像极了一条正在游动的鱼……见玄明和尚发呆地看着这珠子，王羲之眉飞色舞地介绍道："如何！这珠子叫作"碧鱼珠"，此乃当世罕见的稀世珍宝，不说价值万金，起码也是价值连城，这可是可遇不可求的珍宝啊，而我刚才手中的石头是为了锻炼指力和手指的灵活……"没等到王羲之说完，玄明和尚愤然起身，说道："我认识的王羲之可不是这样的，绝不会玩物丧志，假借外物对待书艺之道……"玄明和尚将僧袍一甩，头也不回离开了。

莫名其妙的王羲之开始收拾桌上的珠子，绝对是嫉妒，自己的寺庙被大火吞噬，心情不好，无处发泄！王羲之突然发现身边的珠子少了一颗，那颗碧鱼珠不见了，王羲之蹲在地上仔细地寻找起来，把四周都找遍了，都没有发现那颗珠子，身边唯有白鹅来来回回踱步溜达，王羲之长叹一声，怀疑玄明和尚偷了珠子。

众人发现王羲之时他正坐在地上念念有词，一副失魂落魄的样子，众人经过询问才明白原来丢了一颗珠子，而且丢的是碧鱼珠。众人赶忙帮着四处寻找。

最后还是没找到。众人见王羲之嘴里开始叨咕人心难测之类的话语，商议之后，还是决定去询问一下玄明和尚，如果没拿，那就帮着一起找找，如果拿了，让他还给王羲之。

朋友们找到玄明和尚说明来意，尽管来人将话说得很委婉，玄明和尚还是听明白了：王羲之的珠子丢了，是在自己走后丢的，而且丢的正是那颗碧鱼珠。顿时玄明和尚气不打一处来，按当时的情况来看，不要说是王羲之和这些朋友们怀疑自己，就连玄明和尚自己都发现说不清楚，气得一下子昏了过去，众人见状只能退回王羲之的庄园。玄明和尚醒来后绝食明志，以此来证明自己的清白。玄明和尚死后，王羲之打扫鹅棚，在一堆鹅粪中间发现那颗久违的碧鱼珠，联想到当时玄明和尚走后确实有几只白鹅经过，原来是珠子跌落在草丛里，被白鹅吞食。想到玄明和尚的死，王羲之发现自己错了，悔恨不已。想到当时的玄明劝诫自己切莫要因为外物而陷入玩物丧志的地步，可是自己还是一步步地被外物所累。是的，一颗有了畏惧的心是握不住毛笔的，更不要说是写好书法。

王羲之将碧鱼珠换成金银，并将自己的田宅住房无偿捐给云光寺，以此铭记挚友玄明和尚，寺庙改名叫作“戒珠寺”。世间少了一位挚友，多了一座“戒珠寺”，这教训让王羲之明白，超然物外的心态绝非一时一刻的事情，而且为了书艺而沾染的外物也会慢慢蚕食自己那颗求索的心。

关于王羲之的传说，民间各个地方都有一些。人们喜欢，总是为他量身定做一些传奇的故事。一千个人中就有一千个王羲之。右军先生走到哪里关于他的故事就会流传在哪里。

有一回，晚年辞官归隐的王羲之写字手写酸了，就去散步，忽然看到山路上，有个农夫驮着一草卷，一边哭一边往山上去。他就上前问那人为什么这样伤心。那人回说：“老母病死，无钱买棺木，只得用稻草卷埋，故而心中悲伤。”王羲之听罢，就即回屋写了一个“鹅”字，交给那人说：“你拿这个‘鹅’字，到当铺去当一百两银子，买一口棺木收殓你的老母吧。”那人半信半疑，拿着“鹅”字来当铺说：“老板，这张字，当一百两银子。”老板听了，哈哈大笑说：“你想必是穷疯了？一张白纸，一个‘鹅’字，饥不能当食，寒不能当衣，要它何用？不收。”

旁边的账房先生听了也上前来看，只见那“鹅”字写得龙飞凤舞，势欲凌云，认出这是王羲之的真迹，就对老板说：“此字非比寻常，乃是右军墨宝，收下吧。”经过账房先生的劝说，老板才勉强出五十两银子收了下来。收下来后，又觉得五十两白花花的银子，买一个“鹅”字，实在划不来！过些日子，当铺着了火，浓烟滚滚，烈焰冲天……忽然，火光里飞出了一只白色的鹅，扑扇着两只大翅膀，几下就把火扑灭了。账房先生惊喜地对老板说：“如何？亏了这个‘鹅’字吧？”老板也大声赞道：“真宝、真宝！”抬头去望那只鹅时，却已扇起翅膀飞向天边，老板急着要去追赶，账房先生说：“谁叫你当初只出一半价钱，如今哪里收得回来！”老板连声叹息，懊悔不已。

人们心中的王羲之不仅是一位将字写得活灵活现的书法家，在百姓的眼中，他还是正直、机智、幽默的官员。历代书法家众多，唯独关于他的奇闻异事数不胜数，因为百姓丝毫感觉不到那种来自富家子弟的纨绔之气，反而是他给人以温和的模样。有个故事是关于他性子温和又俏皮的。

每逢除夕，王羲之都要亲手写春联贴之于门。由于《兰亭集序》，他的字被称作“天下第一行书”，很多人都想得其字而又难得。所以，每年除夕他的春联一贴出，不到半夜，就被人偷偷揭走。

王羲之只好再写一副，谁知道又被人偷走了，如此反复好几年，王羲之也不生气。

这一年，除夕又至，王羲之照旧写一副对联，只是这次在对联上写了“福无双至，祸不单行”八个字，留下了下半截空白。

偷对联的人一看此八个字太不吉利，便扫兴而归。半夜王羲之补了后半截，变成了“福无双至今朝至，祸不单行昨夜行”。

第二天一大早，想偷春联的人见春联变了样，皆赞叹不已，拍手叫绝。

# 第十六章

# 王献之的少年时光

# 一、官奴的成长之路

王羲之的七子王献之（字子敬），出生于晋康帝建元二年。

他出生时，整个东晋王朝偏安江南已历二十八载，经历了王敦、苏峻动乱，政局开始稳定。不过，东晋更换皇帝的戏码仍在继续。成帝司马衍22岁病故，这位年轻的皇帝在遗诏中并没有把皇位传给自己的儿子司马丕，而是用禅让的方式指定自己的弟弟司马岳即位，史称康帝。而且，成帝的妻子也是司马衍亲自从民间挑选出来的。

对于七郎王献之的到来，王羲之很是喜爱。为了让孩子健康成长，按照自古以来的风俗，王羲之给他取个乳名，而且孩子想要平安顺利长大，就得取一个贱名，据说孩子的名字越难听，那些不吉利的灾祸或病魔就越厌弃，远离这个孩子，避免灾祸，孩子才得到健康。

为了迎合小名俚俗丑贱的原则，王羲之为王献之取名“官奴”，它的本意是指那些犯罪的官员被抄家后，其他家人被没入官府而成奴隶之身。对于这种习俗，我们不妨再举几个例子对比一下：晋代画家顾恺之，小名“虎头”；宋代包拯，小名“三黑”；宋代王安石，小名“獾郎”；相较于春秋时期晋成公的“黑臀”和汉武帝的小名“彘”，已经算是好多了。在很多乡野小村，人们大多取“铁蛋、黑蛋、臭妮”之类的爱称。名字越低贱，小孩越好养活。

在王献之出生的这一年，东晋的康帝病亡，康帝的小儿子还未满月，历史上最年轻的皇太后褚蒜子设白纱帏于太极殿，抱着小皇帝垂帘听政。

任谁也想不到，未满月的王献之后来的命运因这位皇太后的懿旨而发生了改变。

当时的王羲之刚辞去江州刺史之职，尤其是感于朝廷积弊日久、吏治黑暗，而且身处王、庾两家的政治斗争旋涡之中，自己虽有心为生民立命，却无力扶颠持危。故解江州刺史任后，回到会稽，研习书艺，亲自陪着小儿子官奴成长，并为年长的儿女操办婚嫁之事。其中，老大王玄之娶庐江何氏、王凝之娶谢氏谢道韫、女儿王孟姜嫁余杭刘畅。因为史书记载不多，我们只能大致知道王孟姜的女儿嫁给谢家，后来生子谢灵运。

与此同时，王羲之终于在这几年了却了自己前半生最大的一个心愿，那就是让他幼时难以启齿的父亲战败失踪一事。这不算是污点的事情让他耿耿于怀。父亲客死他乡，王羲之得以将父母的灵柩迁葬会稽墓地。在苍翠的群山环绕之中，在山清水秀之地，远离了建康的政治阴云，王羲之安顿好了自己的双亲和早逝的哥哥，终于了却了一块心病。

吴中墓地是王羲之多年前效力司马昱时就选定的。终于完成了多年的夙愿，卸下重负的王羲之一心扑在久违的书艺之道上，踏着前人的足迹，继续前行。当时的东晋书坛行草大行于世，晋人风流潇洒，不滞于物，追求自由的心灵，正好由行草这一形式表现出来。行草艺术完全是一种以无法为有法的艺术，每个人都可以自由下笔，点画自如，随意裁剪，追求自己的独特表达。而当时的行草大多继承章草发展而来，而王羲之直接取法于张芝，使章草向今草转化，王羲之继承和发扬了由张芝所创的草体，将笔画连绵回绕、文字之间的连缀发挥得淋漓尽致，又富有自己的独特性情。

短暂的隐退生涯没过几年就结束了。在晋穆帝永和四年，经新上任的扬州刺史殷浩的邀请，王羲之任护军将军。这是王羲之最后的为官生涯，右军之名由此诞生。百姓把自己爱戴的官员所担任的官名放在他的姓氏之后，总是亲切称呼他为王右军，或者王会稽，这是人们对他在职期间工作的一种认可。东晋自建国到结束有五六位担任会稽郡守和右军将军的人，唯有王羲之担任过右军将军后，人们称呼他为王会稽和王右军。

在王羲之担任会稽内史期间，他仍然关注着小儿子的学书情况。有一次，王羲之俏皮地偷偷走到官奴身后拿其笔而不得，叹曰："此儿后当复有大名。"王羲之感到欣慰的是七郎的专注与身心合一，这种心无旁骛的精神不是一朝一夕可练就的。从古至今的先辈们在书艺一途上孜孜不倦的精神在一代又一代人的手中传递着，大道不孤，书道不绝。

王献之在父亲担任右军将军后，每日临摹《乐毅论》，探究王羲之楷书的用笔技巧。当时书艺第一人已经是自己的父亲，这对于求新求变的王献之来说，真是莫大的压力，也是莫大的鼓励，但更多的是急躁：何时才能写得像父亲一样好。王献之在母亲面前问了无数遍这个问题，母亲郗璇作为孩子的第一个启蒙老师，开始训诫官奴勤学苦练，讲了三个故事。第一个是东汉张芝自己挖墨池练书法的故事；第二个是卫夫人学书也能浸染墨池的故事，并把王羲之儿时学书于卫夫人的故事讲给王献之；第三个故事是关于墨池的故事，而且凡是王羲之住过的地方必有墨池的痕迹，天底下没有不劳而获和一蹴而就的成功。最后，郗璇指着家中的十八口大缸，劝慰道："吾儿何时写尽这十八缸水，笔法乃成。"王献之收起追赶父亲的急切心态，他开始明白了一个道理：业成于勤，功源于练。人生没有随随便便的成功。无论是《乐毅论》，还是父亲留给自己的其他字帖、碑刻，王献之都认真揣摩不下数年，《乐毅论》临摹数千遍，在草书方面王献之初学其父，后改学张芝。父亲不也是取法于张芝？现在的王献之把当年父亲在张芝那里没走完的路接着走下去。

沉寂在书艺的世界里就等于沉寂于孤独里，与古人对话就会情不自禁地把这份孤傲带入到生活中，所以外人眼中的王献之虽年幼却获得了比他父亲当年还高的名声。

在王羲之七个郎君中，王献之最是继承了王家俊彩的相貌，他风流倜傥，有王氏子弟遗韵，且从幼年时就显露出独特的个性。史书称其“少有盛名，而高迈不羁”。有一次，王羲之的几个门客在做樗蒲之戏（古代的一种游戏，类乎后世的掷骰子），王献之从旁经过，一眼就看出其中一人将输，便说了一句“南风不竞”（意指此人将输）。

门客见他年少，露出不满的神情就随口说：“小郎君你这是管中窥豹，只见一斑。”王献之明白门客是轻视自己年少，狠狠地瞪了他一眼，说：“远惭荀奉倩，近愧刘真长。”然后生气地走了。荀奉倩是三国时曹操谋士荀彧的儿子荀粲，乃世家名门子弟，眼界之高，后代少有其比。刘真长则是王羲之的好友刘惔，人品俊逸，选尚公主，他个人条件优越，只和有名望的人交往。王献之举此二人以表示自己身为名门子弟，竟然和俗人说话，真是太惭愧了。

东晋后期，后起之秀的谢家在谢安、谢玄等政坛新秀的影响下，与琅琊王氏齐名；而庾氏家族在庾亮、庾翼之后被崛起的桓温消灭；郗氏家族的两个儿子郗愔在朝并无太大的野心，郗昙在王献之婚后不久因战争失利病逝，郗愔的儿子郗超在桓温手中任职。昔日的三大家族如今开始走下坡路，而当权派是谯郡桓温和陈郡谢氏。桓温在殷浩北伐失利后崛起，进行了前两次轰轰烈烈的北伐战争，并着手第三次北伐。虽然在野的王羲之不再为官，但是与桓温、谢家都保持着书信往来，而且谢家与自己的次子王凝之还是亲家的关系，所以王、谢两家时常保持着来往。

有一次，年幼的王献之与兄王徽之、王操之一起去拜见谢安。到了谢家，王徽之、王操之喋喋不休地说家居俗事，王献之则除了问候以外，少言寡语。王献之弟兄走后，门客问谢安王氏弟兄哪个孩子更好些，谢安回答说：“小者佳。”门客问其故，谢安说：“吉人之辞寡，以其少言，故知之。”王献之内敛的高傲在他人眼里总是卓尔不群。

王献之少时，为人恬淡，遇事沉着稳重。他常与王徽之共处一室，忽然家中着火，王徽之瞬间弹起来跑出去。跑出去后才发现自己光着脚，忘了穿鞋，王献之则脸色平静，徐呼左右书童扶着走出去。这份临危不惧的恬淡从容让哥哥王徽之另眼相看。

夜卧斋中，在熟睡中的王献之感觉房内有小偷，他徐曰：“偷儿，青毡我家旧物，可特置之。”群偷惊走。由此可以看出，王献之拥有同龄人甚至是哥哥们少有的冷静与豁达的乐观心态。独特的个性让王献之脱颖而出，这无关攀比和要强，人之天性使然。龙生九子各有不同，王羲之的七个儿子性情各有不同，长子玄之稳重但早逝，凝之的道教信仰，肃之、涣之的平淡，徽之的任诞不羁，操之的稳健为官风格，献之的洒脱俊逸，再加上芝兰玉树的谢玄，整个东晋在王羲之的晚年，迎来了最风光无限的人才集会。

在蛰居会稽的几年，王羲之在书艺上开始融入钟繇、张芝笔法，他用笔不折而用转，形成自己的“一搨瓘直下”的笔势。踏雪张芝草书，浓纤折衷，且将秦汉以来篆隶的各种笔法妙用，悉数融汇于真行草体之中，开创出属于自己特有风貌的最佳体势，推陈出新，给书法开辟了一片新天地。

永和七年，王羲之初为会稽内史。忙于会稽盗偷粮库之弊，并开始着手颁布禁酒令，难得有闲指导献之读书习字。此时的献之书艺进步极快。刘宋虞《论书表》记载了献之幼年习书的一件事：“子敬出戏，见北馆新泥垩壁白净。子敬取帚沾泥汁书方丈一字，观者如市。羲之见，叹美，问所作，答云：‘七郎。’羲之作书与亲故云：‘子敬飞白大有意。’”经过几年的练习，王献之开始崭露头角，在书艺上犹如一朵新荷亭亭玉立。继王羲之之后，众人都期待这个孩子成长起来，看他能给书坛带来怎样的新气象。

十岁的王献之参加了永和九年三月初三的兰亭修禊，宾客满座，群贤齐聚，王献之作为最小的嘉宾出席，虽未饮酒作诗，但也见证了这一次兰亭集会，更是在父亲身旁亲眼见证父亲微醺之后作《兰亭集序》。他目睹父亲一挥而就的墨迹，深受震动，更是坚定了自己在书艺上要像父亲一样，走出自己的路。书艺一途，长道漫漫，王献之终于意识到自己如学书的童子般才刚刚入门，以后要走的路还很远。

永和十一年（公元355年），王羲之称病去郡，誓不入仕。一方面是来自朝廷对禁酒令的不满，另一方面殷浩被贬为庶人后新上任的王述与自己不和，王羲之明白是时候结束在夹缝中为官了。离职的王羲之无官一身轻，几个儿子的生活没有受到太大的影响，而且，王羲之自己并不反对孩子为官。次子王凝之历任江州刺史、左将军、会稽内史；三子王肃之历任中书郎、骠骑咨议；五子王徽之过客般的做过桓温的马槽参军、黄门侍郎，后辞官钟情山水；六子王操之历任秘书监、侍中尚书、豫章太守等职位。

王家在东晋后期作为侨姓第一大族，虽没有往日如日中天的威风，但瘦死的骆驼比马大，政坛上王献之的叔父王彪之、舅父等人仍在政坛上有显赫的地位；再者，王羲之早有隐退之意，在会稽的剡县、上虞、诸暨、山阴一带置了田产，足以维持一家生活。当时的东晋朝廷施行土断政策，允许世家大族在江左之地购置田产、兴建房屋庄园。王羲之携带妻子和尚未成婚的七郎一起来到金庭庄园。

王羲之去官后，住在蕺山的庄园中，有更多的时间指导献之习书艺。王献之日夕修习，楷书成学于父亲，草书由父亲转学张芝，自此一发不可收拾，他爱上了那酣畅淋漓的笔意。

王献之年方弱冠，才华出众，已经很有名气。晋代品评士人的标准，特别注重容貌风度，称之为“风流”。年轻的王献之被誉为书坛新起的风流之冠。

身体日渐不佳的王羲之预感大限将至，在去世前一二年写信给好友益州刺史周抚说：自己没有其他心事了，只有最小的儿子还没有完婚，正在为他物色。

王献之舅父郗昙的女儿郗道茂，稍长于王献之，作为王献之的表姐，两人自小相识。

王献之对其颇有“好”意，王羲之乃代其托人向郗家求婚，如此两家更是亲上加亲。王羲之传递一封书云：“中郎女颇有所向不？今时婚对，自不可复得。仆往意，君颇论不？大都此亦当在君耶！”

羲之书帖称郗道茂为中郎女，王献之与道茂成婚初定。但是，允婚后，需要经过问名、纳采等繁复的程序，成婚时间当在升平四年初，郗昙未能参加婚礼而由郗愔代为主持。早在升平三年十月，郗昙担任征西中郎将，与豫州刺史谢万一同北上，征讨慕容氏建立的前燕，行军到涡水、颍水之间时，郗昙因病退屯彭城，影响谢万，全军溃散，郗昙因此降职为建武将军。此后，郗昙病情一直很重，在王献之、道茂成婚不到一年时即病逝。郗氏家族的又一份力量消失殆尽，郗鉴的长子郗愔独自在朝中维系。

# 二、守丧立志

升平五年，郗道茂生一女，取名玉润，不久即因病夭折，这使王羲之大为悲痛，身体每况愈下，不久也去世。他葬于金庭紫藤山脚下，其后瀑布悬挂，犹如笔墨一挥而下。有山水的陪伴，王羲之卸下一生的荣耀在山为毛笔水为墨的天地间长眠。

王献之任职不久，父亲去世，他遵守孝道守丧二年零三个月。这是自古以来的儒家传统，王献之开始两年多的书艺进修生涯。子敬提起熟悉的鼠须笔，坐在胡床上，看着满目的蚕茧纸，反复回忆着自幼父亲与自己相处的点滴。

王献之居丧期间，为求安静，在郡城南三十里云门山中置了一所宅第，与妻子郗氏奉母、守丧、读书、研习书艺，安宁度日。

云门山，北靠著名的秦望山，南临蜿蜒流淌的若耶溪，东西两侧有连绵起伏的青山环抱。山间藏有翠谷，山谷树木横生，林壑幽美，林子间有山泉川流而过。再往北，便是号称周遭数百里的鉴湖。王献之看着满目的山之阳刚之气，水之阴柔之媚，山体犹如书艺字体，水流宛如笔画蜿蜒，道分阴阳，书艺如此，孤山不成峰岭，独水不成瀑布，书艺之道莫不如是。王献之想起十五岁那年对父亲王羲之说的一段话："古之章草，未能宏逸。今穷伪略之理，极草纵之致，不若稿、行之间，于往法固殊，大人宜改体；且法既不定，事贵变通，然古法亦局而执。”回顾父亲王羲之一生书艺历程，将钟繇楷书重新订立法度，将钟繇略带隶书的笔法删繁就简，革新新体，同时又将大行于世的行书杂糅楷书、草书痕迹混合一体发挥到极致，而草书在父亲王羲之的手中由章草过渡到了今草，如今的草书不再由隶书草写，而是由楷书直接草化，但是冥冥之中父亲草书的路还没有走完，王献之思考着草书未来将要面对的路。

王献之对未来自己要走的路渐渐有了眉目，距离他子承父业再创新体为期不远了。可现在时机还不成熟，王献之继续住在云门山脚下，每日与妻子为父亲放养几只白鹅。母亲接触佛家经典后，开始笃信佛教，为家人和故去的父亲念经礼佛。笃信天师道的琅琊王氏到了王献之那里仍然保留着服用五石散的传统，王献之与妻子郗道茂两人还未同甘倒是一起共苦了一年，各自父亲离世了，他们夫妻二人的爱情结晶也不幸夭折。在郗道茂心中最苦的不是这些，而是因为难产生下玉润后，三年内自己再也不能生养孩子，因为守孝期间夫妻不可以同房怀孕。

而王献之刚开始根本没注意到这些问题，满脑子都在思索自己今后在草书方面的发展方向。而孩子的这个坎在妻子心中成了心病，王献之能做到的洒脱对于妻子而言是一种负担，毕竟在当时那个时代一个女人不能生养会被看不起，而且男子可以一封休书休掉妻子。守丧期间妻子如果怀孕则是对先人的不敬，而且是对自己父亲的不敬。郗道茂知道丈夫是人中龙凤，迟早会飞黄腾达，古语道：“不孝有三，无后为大。”妻子郗道茂心里过不去这个坎，身体久思成疾，王献之报信给自己的舅父郗愔：“令外甥知问，郗新妇更笃，忧虑深！”大夫开出地黄汤调理身体，郗道茂稍微康复了一些，但身体状况大不如从前，王献之给家人回信道：“新妇服地黄汤来，似减。眠食尚未佳，忧悬不去心。君等前所论事，想必及。谢生未还，可尔。进退不可解，吾当书问也。”

但倔强的郗道茂为了不让王献之担心，还是坚定陪着他，一起披麻戴孝，看守坟茔，早晚拜祭。在生活起居方面陪着夫君吃素饮粥，看着日渐憔悴的妻子，王献之知道这位表姐真是发自内心地爱护自己，而他守丧尽孝却不是像他人一样为了谋求名声以图官职，对于为官之事在诸位兄弟之中他最为淡薄，他仰慕张芝一生执着于书艺，这是一种令人向往的快意之事。王献之心驰神往地追求像草圣一样能在短暂的生之岁月里徜徉在书艺的世界里。

王献之是在父亲的光环下长大，他知道要超越前人，首先要面对的就是自己的父亲，就要从自我突破着手。没有比母亲郗璇更了解王羲之的书艺进阶的过程的了，王献之每天与母亲聊天，谈及父亲走过的一生，王献之从几位哥哥那儿慢慢了解到他出生之前王家发生的一切，从祖上的琅琊王氏崛起到东晋建国，从建安风骨到竹林七贤，从乌衣巷到山阴县，从蔡邕、钟繇聊到父亲的两位启蒙师傅（一位是王廙，一位是卫夫人），从当世的行书追溯聊到隶书演变，从玄学聊到两晋人士的风流……

王献之感受着这世界没有他之前发生的一切，父亲一扫汉魏的质朴、古拙的架势，俨然形成飘若浮云、矫若惊龙、风格俊逸自由的书艺之美；同时又在思索这世界有了他王献之后，书艺未来之路又在何方？

王献之仔细体会风流两字的韵味和自由的忧伤。是的，无论世人毁你、赞你、谤你，自由人士如王子猷，他依然故我，无论世人如何争名夺利，都无法超脱生与死，解放自我方得自由，哪有捆绑的灵魂还可以说自己是自由的人。王献之开始触摸这新体的表达萌芽，就从自我挣脱枷锁开始，就从握笔的指端开始，一双自由表达的手才能书写出想要的不受任何束缚的自由。

书艺让他飞舞起来，让他运动起来，不只是毛笔在转，不只是毛笔在滑动，不只是手腕在运动，不只是手臂可以转动，王献之自由自在地畅享这一切，为何不打破隶楷行草之间的疆域界限呢？父亲不也是走出了这一步吗？东汉的张芝不也一样打破隶书的框框创造出一泻千里的笔势？前辈们未走完的路，他要继续走下去，自由的不仅是他写书的手，还有书写的字。它们本来就自由地活着，每一个单独的字就像鲜活的生命，它们就像张芝笔下的一撇一捺，不再被囚禁在一行一列之间，它们是自由的生命，人与人可以结为知己好友，字与字也可以，人与人可以成群地串联成自己的家族，字也可以，张芝打破了字与字绝对不相连的界限，王献之继续打破，自由是无边际的，草书本来就是在打破书写的束缚，怎么不可以打破草书的束缚呢……

后世的我们明白书法的一个个高峰演变都源于王献之这次破体。他独创的"一笔书"不仅打破各种字体之间的界限，甚至打破笔墨之间的缠绵，将张芝气势如虹的草书发展到高峰，而且这种介乎是草非草、是行非行的创作让书艺变成表达自我性情风流之艺术，后世的狂草脱胎于此。书法不再是一种简单的文字表达艺术，它在王献之的手中演绎成一种潇洒的人生态度，是一种阔达的胸襟，一种精神的解放，一种自由的心态。他将魏晋风流转变为书艺表达的途径，草书这一美学形式自此踏入了更自由的王国。

由此，书艺对于中国文人犹如诗在唐、词在宋、曲在元的地位，王献之开悟后的第一时间写下一副字帖："大道久不下，知先未然耶"，这既是王献之对自己的发问，也是他给出的答案。尽管王献之这份答卷王羲之看不到，可是，他泉下有知定会鼓励王献之再接再厉，戒骄戒躁，王献之把这份答卷交给了自己的母亲审阅，母亲不发一言，指了指父亲的祭奠牌位，会心地笑了。这是种莫大的鼓励，王献之终于得到母亲的认可，自己选择的路没有错。王献之当然没有忘记王氏一脉代表着什么，研习新体的同时，仍然苦练楷书，他偷偷地在心里立志要为妻子写一副旷古绝今的楷书。文章在心里早已选好了，那就是曹植当年落魄时写的《洛神赋》。

《洛神赋》让王献之感受最深的就是赋中人神相恋，终于因为人神殊途，含情痛别的深情。这份情凄婉哀伤，其情至深，其情至真。这种浪漫的感情被顾恺之传神到画卷之中，如今王献之要为他的爱妻将这份真挚的浪漫书写出来。让他没想到的是，等到他书写时已经与妻子相隔两地，永不能相见，而且，郗道茂再也不能回到自己身边。

真亦如洛神赋叹道："抗罗袂以掩涕兮，泪流襟之浪浪，悼良会之永绝兮，哀一逝而异乡。无微情以效爱兮……"等待王献之的是政局的动荡，比政治更动荡的婚变风波随之到来。

# 第十七章

# 再起风波

# 一、桓温废帝

哀帝司马丕兴宁二年初，两年三个月的服丧期满，王献之携带家眷回到州主簿任上。经历了失去人生偶像同时也是自己父亲的蜕变，王献之越发成熟，收起从前的锋芒毕露，将身上风流俊雅的气质内敛于身，相貌堂堂的他重视风仪修饰，有着精致的生活态度，如今归来的王子敬不在乎未来做多大的官，而是决定在书艺上走下去。

兴宁三年二月，哀帝司马丕卒（就是这位哀帝的父亲将皇位禅让给了自己的弟弟。命中注定的皇位又落到他头上，传说，他听到自己被褚蒜子立为皇帝时，吓得失魂落魄，六神无主，短命皇帝的魔咒让他差点逃跑。果然，当了一年的皇帝，司马丕自己“病逝建康”。因为无子，奉皇太后诏，立其弟琅邪王司马奕为帝）。司马丕的弟弟也被命运绑架，坐上了皇位，他已经做好了死的打算；同时辅政的会稽王司马昱改封为琅邪王。北伐重臣大司马桓温经历了前两次的北伐，又经过了几年的筹备工作，正要通过发动第三次北伐战争博取更大的威望。因为没有存在感比打了败仗还难受，桓温可是喊出“大丈夫不能流芳百世，难道不能遗臭万年”口号的第一人，他要通过第三次北伐来重振自己的威望，可哀帝的驾崩阻止了桓温积极筹建的北伐之事。

太和四年三月，徐、兖二州的刺史郗愔致信桓温，建议与之共同辅助王室率部出河上，共同商讨北伐大计。桓温心胸无容人之量，以为郗愔要与他争功，又忌惮郗愔手握的北府兵，不愿意让郗愔掌控京口军事重镇。当时桓温的参军郗超了解桓温的这些顾虑，私自将父亲的原信件毁掉，并伪造父亲的笔迹自称老病，请以闲置修养。桓温大喜，趁机改任郗愔为会稽内史，自己兼任徐、兖二州的刺史，兼并了郗愔的军队。

再次放下刚举起的北伐大旗，桓温真可以说是憋了一肚子火，桓温目光转到吏治上来，他要杀鸡儆猴。时任会稽内史的王彪之自从上任以来，励精图治，使当时豪强有所收敛，同时让先前离开会稽郡县的三万多人重回会稽定居。他没有辱没琅琊王氏的名头，更没有将王羲之治理过的会稽郡带入下坡路。可是，等待王彪之的不是来自朝廷的嘉奖，而是来自桓温的弹劾。兴宁三年桓温移镇姑孰，准备第三次北伐，神威震主，各郡县都派去了长史、司马、主簿等高级属官去向桓温表示敬意，送去祝贺，王彪之认为只有向皇上遣使和进贡才派主簿，向桓温示好不用派主簿，最终王彪之没有派一人去。正好没处撒气的桓温把目光投向了这位会稽内史，找个理由免去了王彪之会稽内史一职。几个月后，新皇登基，桓温筹集军队，亲自率领步兵五万，与江州刺史桓冲（桓温弟）、豫州刺史袁真三军一同北伐前燕，擒获前燕将领慕容忠。当时恰逢山东诸地大旱，水路不通，桓温就派将士在钜野开凿水路三百里，参军郗超建议速战速决，直捣黄龙，一举拿下前燕国都邺城。桓温不取，郗超又建议坚守河运，控制漕运，储备粮草，桓温仍然不听。

燕国大将慕容垂率八万大军前来抵抗晋军。桓温命袁真进攻谯、梁两地，并打开石门水道，水陆两军一同进发。在这紧要关头竟然出了差错，石门太厚，袁真无法打开石门，导致晋军犹如瓮中之鳖，最后晋军粮草殆尽。无奈，桓温下令烧毁船只，退军南回，被慕容垂率领的八千骑兵追杀，死伤三万人。桓温兵败，他上疏朝廷请将败军之将袁真贬为庶人，袁真不服，在寿春起兵叛变。他暗中勾结前秦、前燕大军，朝廷得知桓温的兵败消息，不敢追究，送上牛肉和酒犒劳桓温军。太和六年，前秦将领围救袁真军队，桓温、桓伊、桓石虔击败救援军队，并攻入寿春，擒获袁真之子袁瑾（袁真病死），部将朱辅及其宗族数十人全部送去建康斩首。

桓温原本打算这次北伐建立功勋，然后回朝接受九锡，从而夺取政权，取代晋室。但人算不如天算，先是遇上大旱，接着石门不开，水军犹如困兽之斗，然后袁真叛变，损兵折将。北伐失败让桓温声望大减，桓温在寿春之战后向参军郗超询问："这次胜利能雪上次兵败之耻吗？"郗超作为郗愔的儿子，心思却没有放在郗家那一亩三分地上，而是另有图谋，如今眼下时机成熟，郗超开始娓娓道来："昔日夏桀王荒淫无道，作为商汤的帝师伊尹教导商汤举兵反夏，一举成立大商王国。汤之后，伊尹废除汤之孙太甲之王位，另起悔过，三年后迎回复位。西汉的大将军霍光废除昌邑王刘贺，霍光效法殷商伊尹，行废立天子之事，迎接流落民间的刘病已（刘询）汉宣帝即位，大司马如今何不学伊尹、霍光，废帝后重立新帝，以重立威望。"

桓温闻之大悦，决定采用郗超之谋废黜皇帝司马奕。郗超舍弃家族的利益开始迈出了他追求高官的人生路。桓温在太和六年，带兵回到建康。另一边，王彪之在老皇叔司马昱的斡旋下，借新皇帝司马奕即位、大赦天下的机会，调到建康。对此，桓温无话可说。新皇帝登基后，大司马桓温把目光放在了势单力薄的新皇帝身上，司马奕作为司马丕的弟弟，在哀帝死后被皇太后褚蒜子立为新帝。这位司马氏的男儿早已没有了他祖上司马懿般的魄力与气势，司马奕连逃跑的勇气都没有。大司马桓温有了新动作，而且是旷古绝今的震慑行动——废帝！

回到建康的桓温开始了他的废帝行动，污蔑皇帝司马奕阳痿不能生育子嗣，司马奕让宠臣与后宫美人私通，所生的三子皆非皇室血脉。同时桓温威逼当时的太后褚蒜子废黜新帝，褚太后只得召集百官，下诏废司马奕为东海王，一年后又降为海西县公。司马奕得到如此消息真是久旱逢甘霖啊！桓温接着亲自率领百官快马加鞭赶到会稽王府邸，迎接会稽王司马昱入朝，还未得知任何消息的司马昱稀里糊涂地看着百官在自己府邸对自己称帝。他面朝东方痛哭流涕，下跪叩拜接受了印玺。

作为司马睿的次子，身为老皇叔的司马昱如今已经五十二岁了。他看着自己的兄长司马绍登基，灭王敦；看着自己的几个侄儿轮番上阵登基为帝，又轮番病死。心中五味掺杂的他不知如何登辇，不知如何来到建康，更不知如何走上这司马家的皇位。但是，来自大将军桓温的一声呼唤，叫醒司马昱，皇位是桓温从自己的侄儿手中夺过来送给他的，拿人手短的道理千古不易，如今登基的司马昱心中唏嘘不已。司马奕从登基到被废没超过一年，司马昱登基后改元为咸安。桓温自行废立之事，不仅震动朝野百官，连前秦皇帝苻坚闻知此事也不禁感叹道："桓温北伐失败，不反思自己过错，向百姓谢罪，反而罢黜君主，以振声望，他日后将如何容于天下呢？"

桓温对于废立新帝的事情也是摸着石头过河，任何一个环节出错就是万劫不复的深渊。有些骂名不是一个人可以背负的，桓温有野心，一直以来仿照古人，期待朝廷对他加以九锡，这样他就可以名正言顺地登基。扶植司马昱登基为帝，他心里也是为以后可以让这位皇帝禅让给自己。桓温一步步按照自己的规划走着，已经做到了自己曾经喊出的口号"大丈夫行于世，不能流芳百世，亦可遗臭万年"的后半句。作为一代枭雄的桓温，为了扫除日后自己登基的绊脚石，开始了大清洗。桓温先是解除拥有兵权的司马晞的所有官职，以藩王的身份赶回藩地，免除世子司马综的一切职务，设计陷害庾氏殷浩子嗣，杀掉司马奕的三个儿子和家人。已经杀人成性的桓温在一次上疏奏请皇帝司马昱杀掉司马晞时，简文帝实在是看不下去了，下诏令给桓温："如果晋王朝的神灵悠长，你就不必请示，遵奉执行旧制法令；如果晋王朝的气数已尽，我就请求避让贤人的晋升之路，退位让贤！"

桓温收到诏令，惊慌不已，汗流浃背，知道自己是操之过急了，于是改请废除司马晞及他的子嗣，流放新安郡。此时的桓温威势显赫逼人，连皇帝司马昱都经常向桓温身边的郗超打听他这个皇帝会不会像司马奕那样被废掉。郗超随着桓温的威势水涨船高，他用全家人的名誉向司马昱保证不会废掉他这个皇帝的。

琅琊王氏那边，王献之的叔父王彪之经过司马昱的提拔升任尚书仆射，设法将王献之调到建康，转任秘书郎。当时，琅琊王氏王导这一脉中，王导的长子王悦、次子王恬、三子王洽、四子王协都已去世，王献之的堂弟王珉尚在建康，于是王献之便住进乌衣巷大宅中。秘书郎本无多少秘阁书籍可校，王献之得以日夕与两位堂弟王珉、王珣切磋书艺，三人在建康中觅得一处艺术的港湾，虽不得躲避风雨，但能在书艺之路上同行一程也是人生一大乐事。活在当时的他们，本来就身陷一片动荡的政局之中，每个人都肩负着祖上传下来的琅琊荣耀，都有自己的坚守。琅琊王氏的乌衣巷如今风光不再，与王羲之交好的谢氏谢安崛起，面临着狂风暴雨般的桓温只能选择避其锋芒。在朝堂谢安远远看到桓温，每次都是在远处叩拜他，桓温对此也感到非常吃惊，还是忍不住询问道："谢安，为何如此？"谢安答曰："没有君主叩拜于前，臣下拱手还礼于后的道理。"原来自古以来，古人相见不用像西方人一样行握手礼，古人只需面对面行抱拳礼即可，谢安此举算是给足了桓温的面子，以君臣之礼相待桓温，但同时让桓温开始忌惮谢安。

面对着久违的乌衣巷，王献之颇有感慨：代表琅琊王氏的乌衣巷从一个王姓转移到另一个王姓，这里曾是东晋建国后的琅琊王氏乌衣巷，这里是父亲王羲之当年上演"东床快婿"传说的地方。王献之来到建康，从不计较官品的高低，也不孜孜营求高官。他不以从政为要务，执着于书艺的进境，自信而高傲。

第二年，改元"太和"。王献之由秘书郎升秘书丞，这是东晋的清要之官，任此官容易升迁，所以名门子弟不出仕则已，一出仕就争着以秘书郎为起家官。所以，一般此官任职不长即可升迁，以便空出缺来，递补他人。秘书丞和秘书郎同为六品官。秘书监（三品）下面只设一员秘书丞处理日常政务，比起秘书郎来，其任期较长而且相对稳定。

王羲之的老友谢安，从王献之幼年时便欣赏他的书法。如今王献之风度翩翩，不少朝臣比之为当年的刘真长。谢安想将他招到身边任职，无奈秘书监孙盛很欣赏王献之，不愿将他调出。此时，朝中政局有了变化。

简文帝慑于桓温的淫威，终日自危，再无过去那份琅琊王的担当和会稽王的责任感，垂垂老矣的司马昱走到了人生巅峰的同时也走到了人生的尽头，即位不到一年便因病辞世。

期盼许久的机会来了，桓温等待着来自司马昱的禅让诏书。结果，司马昱根本没有留下什么禅让诏书，只是传下遗诏，让桓温摄政。对于来自朝廷的任何封赏，桓温全都辞让，在上任的尚书仆射王彪之的拥护下，谢安推迟桓温的加九锡的要求，确保太子司马曜即位，史称孝武皇帝，改元宁康。宁康元年二月，桓温带兵入朝，拜祭皇陵。京都人心惶惶，大多猜测桓温此次进京是铲除王、谢两家，颠覆司马朝廷。朝中百官惊慌失措，命谢安、王坦之率领百官到新亭迎接，拜于道路两侧，但是做事总是虎头蛇尾的桓温一生好像都摆脱不了这个宿命，三次北伐战争前期皆是辉煌的胜利，后期皆是由各种原因大败而回。如今眼下的局势只要他动用武力挟天子震慑百官，皇位唾手可得。然而，桓温此次的动作雷声大，雨点小，紧要关头的时候桓温总是顾忌太多，最后随便找个借口将尚书陆始交给廷尉，后匆匆返回姑孰城。归后的桓温病重不起，写信逼迫朝廷为自己加九锡，谢安以编纂的锡文正在修改来推脱。待桓温病逝的消息传到建康，锡文都未完成，朝廷终于松了一口气，追赠桓温为丞相，谥号宣武，丧礼按照司马孚、霍光旧例举行。

桓温死前对后事做了安排。他自知世子桓熙无能，便把兵权交给了最能干的弟弟桓冲；自己的南郡公爵位由幼子桓玄继承。桓温的四弟桓秘不服，联合桓温的儿子桓熙、桓济等密谋夺回兵权。桓冲得到消息，在桓温去世后，即拘禁了此三人，并上奏朝廷，废黜了桓秘，将桓熙、桓济流放到长沙。桓氏家族经过此次动荡，埋下了仇恨的种子，矛头直指晋室朝廷。

## 二、婚变风波后的苦命鸳鸯

一个关键性的人物在此次的桓氏内乱中出场了，不仅自己被流放长沙，更是影响了一批人的命运。一位素未蒙面的人物竟然搅动了王献之的婚姻，桓济的流放解放了一位女性——他的妻子司马道福。作为政治婚姻，女性鲜有人能获得再婚的自由，而这位司马道福公主作为司马昱的女儿在动荡中意外恢复了自由之身。孝武皇帝即位不久，就下诏王献之娶新安公主（一作余姚公主，程炎震以“新安”为追封之号）。新安公主在太皇太后褚蒜子的支持下，与桓济离婚，拟欲再嫁。她仰慕王献之的风流才华，洒脱不羁，而且多次听闻王献之的风雅趣事，因而在祖母面前表示，非王献之不嫁。而且这位司马道福还做足了工作，她了解到王献之之妻郗道茂至今未生子，有过一个女儿也已经夭折，在当时妇人无子是可以被休弃的。褚蒜子命运多舛，听闻此事就让孝武皇帝下旨诏命王献之为驸马。

王献之与郗道茂历经坎坷，夫唱妇随，加上自己宦情淡薄，并不想借驸马的身份升迁，因此，他不愿与郗道茂离婚，更不愿娶新安公主。

为了反抗，王献之假称足疾，用艾灸灸足，以致走路一瘸一拐，变成了残疾，但这招没用。司马道福传出话来，即使他瘸了，也要嫁给他。太皇太后以皇帝的名义，下诏书王献之娶新安公主。

郗道茂面临着最艰难的抉择，早在守丧期间他想要为王献之再生下一个孩子，可是经历两年三个月陪伴，身体羸弱，即使请来郎中调理身体，每日服用地黄汤药也无法再怀上孩子。如今，王献之恰逢一位爱他的女子，而且更是昔日皇帝的女儿，身份显赫，她的爱应该避让他了。

郗道茂毅然决然地收拾包裹，孤身一人离开了，并且发出不再嫁的誓言。对于重情重义的郗道茂来说，与其让丈夫为难来自琅琊王氏的责任和可能带给整个王氏家族的后果，不如自己离去。王献之对于妻子的决断突然明白了为爱抛弃生命并不难。可是生命不仅仅是自己的，爱可以让人牺牲自己，但不能让其他无辜的人跟着受连累。皇命不可违，圣旨不可抗。

无论怎样的曲折，王献之都暴露了他性格上的弱点，太重情重义，责任感让他余生都在自责与悔恨中度过，临终时他仍然念念不忘的就是与郗道茂离婚。

另一边，郗道茂的双亲都已经离世多年，无家可归的她只好去投奔叔父郗愔。郗道茂如今可真是孤家寡人，没有父母，没有丈夫，没有孩子，寄生在叔父家中。

倔强的她不会接受别人廉价的施舍，只是会时常口中念念有词曰：

道路阻且长，会面安可知！胡马依北风，越鸟巢南枝。

相去日已远，衣带日已缓；浮云蔽白日，游子不顾返。

思君令人老，岁月忽已晚。弃捐勿复道，努力加餐饭！

郗愔托人把郗道茂所念的诗句给了驸马王献之。收到郗道茂的来信就犹如收到给自己的几个耳光，心如刀割。王献之虽然与司马道福成婚，但是迟迟没有与她圆房，直到逝世的前两年，才和司马道福有了一个女儿，取名神爱。在收到来自舅父的书信后，王献之第一时间提笔写回信：“思恋，无往不至。省告，对之悲塞！未知何日复得奉见。何以遇此心！唯愿尽珍重理。迟此信反，复知动静。”忐忑不安的王献之寄出了书信，接着王献之回复书信感慨道：“姊性缠绵，触事殊当不可。献之方当长愁耳。虽奉对积年，可以为尽日之欢，常苦不尽触类之畅。方欲与姊极当年之足，以之偕老，岂谓乖别至此，诸怀怅塞实深，当复何由日夕见姊耶？俯仰悲咽，实无已无已，唯当绝气耳。”

表面风光的王献之因为离婚生活发生了变化，司马道福终于嫁给了自己朝思暮想、仰慕已久的才子。婚后的她从此再未出现在史书和人们的视线之中。娇纵任性的公主婚后过得怎样我们都不得而知，不过，从王献之在婚后又娶了两位小妾的传说中可以看出公主是很包容这位驸马的，王献之后来的转变应该与郗道茂的病逝有关。人们都说初恋是一个人最刻骨铭心的记忆，因为忘记初恋需要一辈子的时间，而爱上一个人却只需要一眼。王献之成为驸马的那一年在宁康元年之后，王献之三十岁，直到他四十一岁那年，司马道福才有了一个女儿。王献之回忆着前妻的点点滴滴，自己走过的每一个地方郗道茂都会再走一遍，扫墓划过泥土的痕迹一撇连着一撇。王献之忽然记起自己要为前妻做的一件事，因为婚姻的变故差点忘记，他要为她做一篇《洛神赋》。昔日父亲把《兰亭集序》送予母亲做礼物，后来母亲又亲自把它作为定亲之物送予岳父郗昙，自己也要送给她一副字。想到这里，王献之磨墨，铺纸，写完一个字，撕了重来，再磨墨，铺纸，撕了重来，反复了十几次，结果都是一样的，王献之用左手握不停颤抖的右手，心底的压抑只会堵在胸口让人喘不过气来。只有他明白，身不由己的负罪感如影随形地陪伴他，还有来自皇帝对自己休妻再娶的憎恶之情，所有这些一点点在心里发酵。很多时候王献之扪心自问：这样委曲求全到底值不值得，即使为王、郗家族换来短暂的苟且，对归乡的前妻是一种变相的保全，可是为何自己仍然追悔莫及呢？王子敬第一次面对纸张发呆，不着一字，许久。

没有桓温的专权，东晋朝廷有了改观，谢安升任尚书仆射，加后将军，领吏部。作为王羲之生前的好友，谢安调王献之为军府长史。太元元年，谢安又任中书监、录尚书事，公务繁忙，便将军务大事委托长史代办，可变成木头人般的王献之婚姻既不如意，又无心升迁，整日沉默不语，埋头于书法。

孝武帝太元三年七月，宫中新建太极殿落成，需题匾。谢安意欲让王献之题字，“以为万代宝”，便试探着对他说：“魏时凌云殿榜未题，而匠者误钉之，不可下。乃使韦仲将悬橙书之。比讫，须鬓尽白，裁余气息。还语子弟，宜绝此法。”献之明白谢安想要自己为太极殿题字，王献之答曰：“仲将，魏之大臣，宁有此事！使其若此，有以知魏德之不长。”谢安并不强迫王献之承诺书榜。谢安知道这是他对朝廷指派婚姻有怨气，便转移话题寻问王献之：“君书何如君家尊？”王子敬答曰：“故当不同。”谢安说：“外论不尔。”王献之回答道：“人哪得知。”谢安看着眼前虽有些颓废，可骨子里还是一提起书艺就展现傲气的王家后人。

不过，谢安作为长辈还是帮了王献之一个小忙，他给王献之讲一个故事，打开了王献之苦闷不已的心结。这个故事发生在当时谢安管辖范围的越州上虞县。

上虞县祝家庄有一妙龄女子祝英台，小名唤作九娘，自小喜欢吟读诗书，一心想外出求学，但父亲说她是女子，不能在外抛头露面。于是他们异想天开，想出一个好点子，九娘和丫头银心乔装成男子，其父亲心疼女儿，只得勉强应允，前往越州城读书。

二人在半途遇见了也要前往越州念书的鄞县书生梁山伯，梁山伯和九娘二人一见如故，在草桥亭撮土为香，义结金兰，遂结伴同行，前往越州会稽郡的书院。

在越州求学的三年期间，梁山伯和九娘形影不离，白天一同读书、晚上同床共枕，九娘内心暗暗地爱慕梁山伯，但梁山伯是个个性憨直的小伙子，始终不知道九娘是个女儿身的事情，更不知道她的心意。

有一次，清明节扫墓，二人去镜湖游玩，九娘借景抒情，屡次向梁山伯暗示自己是女儿身，可是梁山伯完全不明白，甚至取笑她把自己比喻成女子，最后九娘只得直接向梁山伯表示自己家有一小妹，梁山伯才恍然大悟。

原来自己的这位好兄弟给自己牵红线做月老，脸红的梁山伯搂着女扮男装的九娘大呼感谢。可是这件事却被在一旁偷看的富家子弟鄞县太守之子马文才得知。马文才知道九娘就是她口中那个妹妹。马文才心里嘀咕：“笨小子这都看不出来，哪有什么妹妹，你眼前的就是，幸好你是个蠢材，才让我有机可乘。”

后来，家人写信催祝英台回家，临走前，九娘留一封信告诉梁山伯：上面写道：“二八、三七、四六定”，意思是要梁山伯十天后去祝府提亲，怕梁山伯看不懂，所以写了三遍。但是梁山伯却以为是三个十天加在一起，所以一个月后才去提亲，等到梁山伯欢欢喜喜赶到上虞县祝家庄时，才知道马文才已经抢先一步提亲并且下了聘礼，而且，九娘父亲嫌弃梁山伯是个穷小子，担心他养不起自己女儿，梁山伯只得心碎地离开。二人在楼台相会，凄然而别，九娘沿路相送、难舍难分，送出十八里地的路。

梁山伯回家后，被朝廷诏为鄞县县令，治理有方，但相思病重，终日咳嗽，汤水不进。他写信向祝英台要一些药方，表示对病情绝望了，同时希望祝英台能前来探望一番。祝英台则回信告诉梁山伯，“生不能同衾，死也要同穴”。后来梁山伯不幸病逝，马文才终于得偿夙愿，迎娶祝英台，祝英台假意应允马家婚事，但是要求迎亲队伍必须从南山梁山伯墓地经过，并且让她下轿祭拜梁山伯。

当祝英台下轿拜墓时，一时之间风雨大作、阴风惨惨，梁山伯的坟墓竟然裂开，祝英台见状，奋不顾身地跳进去，坟墓马上又合起来。

谢安讲到此处，故意停顿了一下，看着王献之的反应，王献之收回追思的视线，看着谢安，等待他说下去。“在坟墓旁边的迎亲队伍全都傻眼了，他们只看见从坟墓里飞出一对形影相随的蝴蝶，飞走了……”

王献之吐出一口气，注视着谢安，然后起身作揖拜谢，一言不发地离开了。临出门，身后传来谢安的一句话：“吾亲自在墓碑前题字义妇冢。”王献之头也没回，回到乌衣巷。不久，王献之辞去后将军长史之职。辞长史后转任何官，史籍缺载，但他仍然是六品的驸马都尉，只是更加清闲。

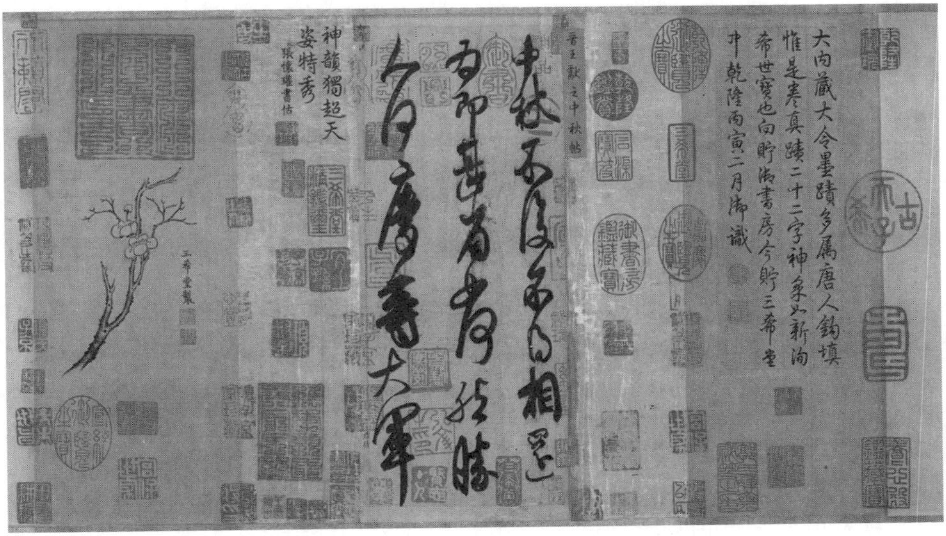


中秋帖

太元五年，谢安进号卫将军，仪同三司，仍带司徒原官。卫将军与骠骑、车骑及大将军同为二品官，品秩高于尚书令和中书监、令。谢安又请王献之任长史。王献之不擅长治军，好在军府还有司马等掾属，繁杂之事有人办理。他仍然像第一次任长史一样，拿出更多时间研习书法。

不久，王献之升任建威将军、吴兴太守。郡太守带将军号，官居四品。吴兴是扬州四个大郡之一，又是鱼米之乡，虽然租赋苛重，但比起其他郡，仍属富庶之地。在当时，生活不算富裕的京官，为了养活一家人，都争做四郡的太守。

经历婚变的王献之收到了兄长王徽之的书信，他只字未提关于弟弟子敬的个人情感问题，只是谈及自己偶遇桓伊闻笛音，暗起故园情之思绪，又把雪夜访戴逵的故事轻描淡写地追忆了一下，笔落“安好”二字。王献之明白这就是兄长开解自己的一种方式。

远离建康之后，王献之慢慢体会山水之色，这江南山水呈现出不同于会稽山水之象。远离了建康，就等于远离是非，望着天外云卷云舒，王献之看山不动，看水长流，看云变色，忽然明白一个道理，也许生活的苟且不止眼前这些，人生一世，无论贫富贵贱，何人不是在一片囹圄中期盼自由。求得如何，求不得又如何！来到吴郡，王献之收到舅父郗递过来的一件长袍。看着熟悉的颜色和款式，王献之提笔回复道："相迎终无复日，凄切在心，未尝暂掇。一日临座，目想胜风。但有感恸，当复何如？常谓人之所得，古今洞尽此处，殆无恨于怀。但痛神理与此而穷耳。尽此感深，殆无置处。常恨！况相遇之难，而乖其所同。省告，不觉泪流，既已往矣，亦复何言，王献之白。"

王献之聪明、稳重、沉着，又自恃门第高贵，恃才傲物。这种性格，不适合为官。

吴兴郡署与乌程县衙同城，县令羊不疑是泰山郡羊氏后人，有子名欣，字敬元。王献之官居吴兴时，羊欣已经十二岁，不但喜爱书法，而且小有名气。王献之闻听此事，专门跑去县衙，到羊欣的书斋看了看。他见这位郎君正在昼寝，身穿白色的绢裙，鲜洁可爱，于是书兴大发，提笔在他裙上、裙带上疾书。羊欣醒后，大为高兴，把绢裙当作宝贝收藏起来，后献给了皇帝。从此，羊欣成为王献之的入门弟子。王献之承受住再婚后的生活带给他的压抑和痛苦，并且他已经学会了怎样直面痛苦和遗憾，因为他知道痛和恨将像影子一般相伴到死。不过，他不在乎！

太元八年，王献之升任中书令。此官职初由汉武帝设立时，并非要职。至魏文帝，中书令开始典机密大事，并加设中书监（令、监均为三品），同领中书省。因为职掌发布诏令，接近皇帝，故而权重位显。

可是，王献之无意仕途，又觉得自己从六品的长史，六七年间就升至此位，初始不敢接任，因为他知道这都是看在司马道福的面子，于是上交给朝廷《辞尚书令与州将书》。力辞未果，王献之便上表推荐御弟琅邪王司马道子任中书监。

王献之并不知道司马道子志不在此，这位野心家想攫取更高的权力。不久，诏书颁下：“以琅邪王道子录尚书六条事”。

这一年，久未有大战事的东晋收到来自前秦准备发动大军伐灭东晋的消息，顿时江东大震。朝廷一片惶恐，丞相谢安举贤不避亲，选用谢石、谢玄筹建北府兵迎敌，两军战于淝水，大败苻坚。谢安趁机北伐，收复洛阳及青、兖、徐、豫等州，并进而收复了黎阳。

但是，司马道子排挤谢氏势力，将谢安挤出了建康，出镇广陵的步丘。

东晋自此进入司马道子弄权时期，朝政陷入一片混乱。尽管王献之不甚理公事，即使偶尔有心处理政事也会感到无力。且他近年来除了服用五石散，曾经灸足导致残疾的后遗症也越发厉害，而且每次疼的周期越来越短。

对于成婚十年的司马道福，王献之知道她在背后默默地付出，一个人追求爱情本身并没有错，错的是他不懂得绝决地处理，才导致今日的恶果。王献之把从谢安那听来的故事给司马道福讲了一遍，两人虽有夫妻之名，但无夫妻之实。一位公主顶着十年来不曾生育的压力也实属不易。在太元九年，即王献之任中书令的第二年，公主生了个女儿，取名神爱，寓意这个孩子能得到上天诸神的眷顾，得到他们父母不曾得到的爱。王献之唯一的女儿王神爱果然得到了神的眷顾，不过不是在爱情方面，而是在地位上，她后来嫁给司马德宗，孝武皇帝的长子，此人是历史上赫赫有名的痴傻皇帝。

隆安元年，司马德宗继位，称为安帝，王神爱被立为皇后。义熙八年，王神爱崩于徽音殿，年仅二十九岁，谥安僖皇后，婚后无子。王羲之七个儿子中老大王玄之早逝，身后无子。老二王凝之一脉遭遇灭门，七子王献之与前妻女儿夭折，与司马道福的女儿也香消玉殒，无子流传。

## 三、桃叶传说不关风月

悲歌可以当泣，远望可以当归。

思念故乡，郁郁累累。

欲归家无人，欲渡河无船。

心思不能言，肠中车轮转。

寄人篱下的郗道茂手里只剩下王献之邮递过来的一封封信，叔父郗愔年老了，看着这苦命的孩子无可奈何。郗愔每天看着她长歌当哭，日日看着那些麻笺纸上的字迹发呆，一待就是小半天。有一天，郗愔从郗道茂那听来歌声，其声悄然，如怨如慕，如泣如诉。郗愔闻之不觉潸然泪下，闻此才明白，原来是郗道茂假借乐府旧调所做悲歌。好一段悲歌，道不尽的故乡情，诉不尽的离人意。不久之后，郗道茂收到一个来自建康的信笺。当晚，这位历史上惊鸿一瞥的女子含笑病逝在床榻之上。临终前，她在床榻之上留下了绝笔诗："思君令人老，岁月忽已晚。人生天地间，忽如远行客。同心而离居，忧伤以终老。"

这信笺正是在建康的王献之邮递过来的，这不是一封悲叹哀婉的哭诉，而是王献之在夜里书写了一遍又一遍的《洛神赋》，每一字都是王献之想象着前妻的相貌所写。他回忆里有两个人儿时的初次相识，有永和九年兰亭之畔的玩耍，有两人在新婚之夜的羞涩，有两个人日夜守在女儿玉润身旁，看着女儿日渐憔悴的脸，有两个人为父亲王羲之守丧的清淡日子，有飞来横祸般的圣旨，有他用艾灸自毁双足的决断，有妻子流不尽的泪水，有他难以决断的不舍，有即使多年过去他也忘不了的离去背影，有夜里王献之睡不着、无数个触碰却怎么也碰不到的残梦……

为妻子书写前无古人的书艺作品，这是王献之在守丧期间对妻子暗自许下的誓言，可当他做到时已为时已晚。诀别来得总是那么突然，绝不会给人反应的时间，就这样一下子直至内心，血淋淋地放在你眼前。《洛神赋》中的最后几句直击郗道茂破碎的心，同时也彻底打破王献之余生的所有思量。“动朱唇以徐言，陈交接之大纲。恨人神之道殊兮，怨盛年之莫当。抗罗袂以掩涕兮，泪流襟之浪浪。悼良会之永绝兮，哀一逝而异乡。无微情以效爱兮，献江南之明珰。虽潜处于太阴，长寄心于君王。忽不悟其所舍，怅神宵而蔽光。于是背下陵高，足往神留。遗情想象，顾望怀愁。冀灵体之复形，御轻舟而上溯。浮长川而忘返，思绵绵而增慕。夜耿耿而不寐，沾繁霜而至曙。命仆夫而就驾，吾将归乎东路。揽騑辔以抗策，怅盘桓而不能去。”

不幸的命运总是那么相似，仿佛曹植当年能预测王、郗这段劳燕分飞的场景，让人情不自禁地问世间情为何物，百转千回却只是这一句——道不尽痴儿相思苦。得知前妻郗道茂病逝的消息，沉默不语的他，在漫天星光的夜里孤身一人来到建康渡口，一边为其烧纸钱，一边默默无声地流涕。

若干天之后，四十一岁的王献之以尚公主无子嗣为由，纳妾桃叶。桃叶的母家住在秦淮河以南，她时常回家，王献之则常去江边迎送，于是传下两首《桃叶歌》：

桃叶复桃叶，桃树连桃根。
相怜两乐事，独使我殷勤。
桃叶复桃叶，渡江不用楫。
但渡无所苦，我自迎接汝。

桃叶映红花，无风自婀娜。
春花映何限，感郎独采我。
桃叶复桃叶，渡江不用撸。
风波了无常，没命江南渡。

桃叶也作诗答和：

七宝画团扇，灿烂明月光。
与郎却暄暑，相忆莫相忘。
青青林中竹，可作白团扇。
动摇郎玉手，因风托方便。
团扇复团扇，持许自障面。
憔悴无复理，羞与郎相见。

这应该是东晋建国以来最有料的皇家故事了，人们开始猜测桃叶的身世。有人说是卖砚女，有人说是替年迈的父亲在渡口摆渡的农家女，还有人说是一位识文断字且相当有文采的女子，还有人说王献之纳的妾是一对姐妹，姐姐是桃叶，妹妹是桃根，是秦淮河上的娼妓。

士庶之间不能通婚的旧例在王献之眼里已经荡然无存，世俗的流言蜚语成了他和小妾之间爱情的见证。有心人发现没有来自朝廷的任何声音，没有来自公主的任何训斥，民间沸腾了。高高在上的士族娶了庶族家的女儿，高高在上的驸马爷纳妾了！总之，王献之纳妾这件事比新皇帝登基还轰动，同样沉默的还有琅琊王家。对于任诞不羁的王徽之而言，自己这位弟弟做什么出格的事他都不会惊奇了，琅琊王氏由他继承王羲之一脉的书艺，几个做哥哥的早就退位让贤了，做兄长的都秉持一个原则“莲子心中苦，梨儿腹内酸”，什么样的约束能超脱生死呢！

无论后来我们怎样在史书上寻找，都无法寻到王献之在司马道福之后纳妾的历史记载，或许史学家只记录人的美言善行。

可人们宁愿相信这一段琴瑟相和的爱情故事是真的存于世间，人们相信王献之有自己的爱恨情仇，有自己的悲欢离合，有自己的难言与不舍。一个人总无法评价另一个人的爱情，因为谁也不是当事人，无法了解每个人追求什么，最重要的是王献之自己知道前妻悄无声息地离开伤心的世界，同时也离开那个伤害她最深的男人。可是，他还苟且地活着，在很久以前，懵懂的王献之只想一心遨游在书艺的世界里，身边有父亲督促，由母亲和几个兄长做后盾，背后有妻子相伴。可是，物是人非的生活，让他只拥有了无限怅惋，不过，离开这世界的郗道茂用死亡逃脱了，王献之却还处在无尽的情感监狱中，被自己判处监禁无期。

即使没有桃叶和桃根，王献之所做的桃叶歌还是在东晋的街头巷尾流传开来，真与假并不重要。王献之烧毁了自己所写的百十张《洛神赋》麻笺纸，这是只属于她的字，其他人不配看到，包括王献之本人也不再配拥有它。所以，王献之所书不下数百张的《洛神赋》流传至今天，不过只有后人所临摹的碑刻残石，断帖片语。

如果桃叶故事是真的，人们不禁要问：会有那么一位女子明白王献之心中的苦而去理解他，配合演这出驸马纳妾的戏吗？我相信会。因为王献之那时需要的不是爱情的慰藉，而是在前妻眼中廉价的怜悯或者说是同情。作为后世人们眼中的“渣男”，王献之对妻子的背叛是不可以被原谅，妻子郗道茂自别后，誓不再嫁的誓言振聋发聩。在王献之离世之前的无数个夜晚，我相信他都会喃喃自语：“恨人神之道殊兮，怨盛年之莫当……悼良会之永绝兮，哀一逝而异乡。莫当……莫当……莫当。”

后来大唐诗人李白有感于王、郗之恋，做了一首乐府诗悼念这段几百年前的凄美爱情：

别来几春未还家，玉窗五见樱桃花。

况有锦字书，开缄使人嗟。

至此肠断彼心绝。

云鬟绿鬓罢梳结，愁如回飙乱白雪。

去年寄书报阳台，今年寄书重相催。

东风兮东风，为我吹行云使西来。

待来竟不来，落花寂寂委青苔。

纳妾之后的王献之比他父亲更辛苦，也更清醒，同时也更放浪形骸。他每日饮酒不辍，白眼看朝政，低眉抚瑶琴，右手执笔端，左手妾在怀。佛家讲看破红尘六根清净，王献之眼中已无红尘。身是红尘，血泪为墨，人生不过纸上划过的墨痕，或曲折或险绝，或平淡，或中和，或肆意，不过一段旅程，太认真就输了一生。后世诗人元好问身仕两朝有所感而把这一份人生态度以词的形式抒发出来：

人生百年有几，念良辰美景，休放虚过。

穷通前定，何用苦张罗。

命友邀宾玩赏，对芳樽浅酌低歌。

且酩酊，任他两轮日月，来往如梭。

太元十年，被排挤出京都的谢安去世，他曾主持统领淝水之战。在面对号称百万的前秦苻坚大军压境下，团结各个家族的力量，取得胜利，保全了东晋江山。但是，新上位的司马道子独霸朝纲，大权独揽。他在谢安死后给予丧葬礼仪和规格，却不太隆重。司马道子极力贬低谢氏家族，作为中书令的王献之平日里上朝总是不发一言，今日上疏义愤填膺地为其争论：

故太傅臣安，少振玄风，道誉洋溢。弱冠遐栖，则契齐箕皓，应运释褐，而王猷允塞。及至载宣威灵，强猾消殄。功勋既融，投之高让。且服事先帝，眷隆布衣。陛下践阼，阳秋尚富，尽心竭智，以辅圣明。考其潜跃始终，事情缱绻，实大晋之隽辅，义笃于曩臣矣。伏惟陛下，留心宗臣，澄神于省察。

孝武皇帝着实被震惊到了，一直以为王献之不过是弱不禁风的文人而已，平日里上朝丝毫没有存在感的他今日言辞犀利，句句肺腑。孝武皇帝下诏赐棺木，朝服一具，衣一套，钱百万，布千匹，蜡五百斤，追赠太傅，谥号“文靖”。又因为谢安没有自己的私宅，又下诏令在其官府中设灵堂，办理丧事事宜，等到下葬时规格与大司马桓温相同，加封谢安为庐陵郡公，以褒奖他击败苻坚的功劳。

传说，东晋的孝武帝对着月亮喝酒解闷，远远看见月亮旁边有一颗太白金星相伴，想着自己自登基以来，经历士族门阀人才断层的空当，极力恢复司马氏的皇权，如今谢安已经逝世，其弟司马道子代替谢安，但司马道子野心大，恐难驾驭，孝武皇帝感叹道：“长星，劝尔一杯酒，世人都呼天子为万岁，可是哪个皇帝是万岁啊！”

一旁的宠妃张贵人劝慰孝武帝，可孝武帝醉后口无遮拦地对张贵人开玩笑说：“贵人年近三十，美色大不如前，又无子嗣，白占着一个贵人的名位，明天朕就废了你，另找个年轻貌美的姑娘。”张贵人听后忧心不已，接着妒火中烧，想着伴君如伴虎，看着烂醉如泥的孝武帝，玩笑越开越厉害，张贵人遂起杀心。她先让孝武帝周边的宦官们也喝醉，等孝武帝和宦官们纷纷醉倒睡去后，她找来心腹宫女，在孝武帝熟睡之际，用被子把睡梦中的孝武帝给活活捂死了。年轻的孝武皇帝因为醉酒的一句戏言被人捂死，可以说是历史上死得窝囊的皇帝。

登基的是司马德宗，史称安皇帝，皇后是王神爱，王献之与司马道福的女儿。而当时的司马道子大权独揽，东晋进入大权在手，天下我有的独裁时代。

没过多久，王献之就病了。因为他也服五石散，再加上灸足留下了后遗症，和十多年的情感折磨，年仅四十岁的他便如同羲之晚年一样，病痛缠身。先是双脚开始痛风，后期则是开始溃烂，王献之知道自己大期将至，在书帖中常提到患病的事：

忽动小行，多，昼夜十三四起，所去多，又风不差，脚更肿。转欲书疏，自不可已。唯绝叹于人理耳……

奉承问，近雪寒，患面疼肿，脚中更急痛，兼少下……仆大都小佳，然疾根聚在右髀。脚重痛，不得转动。左脚又肿，疾候极是不佳。幸食眠意事为复可可，冀非臧病耳。

昨遂不奉别，怅恨深。体中复何如？弟甚顿。匆匆不具。献之再拜。日寒凉，得告，承诸恶（下有缺文）。复灸极当惨痛悲灼。仆病正自不差，疾久自日深……

王献之向兄长说了自己的病情，知道自己命将不久矣。太元十一年，哥哥王徽之得知七郎的病情，忧心如焚，病急乱投医的他开始寻求道家术法，他这个做兄长的对术人说可用吾命换取吾弟。可惜，有余命者可受人于命，无寿命者若何，王徽之悻悻地离开了建康。笃信天师道的王献之按照惯例向天师道信奉的三神天、地、水三官诉平生过错，他闭目思考这四十三年的历程，开口道："不觉有余事，唯忆与郗家离婚。"

太元十一年，陈述完自己的生平憾事，王献之躺在病床上，不久后病逝。身边有他的妻子司马道福，和他们的女儿王神爱，生得秀美的王神爱只是眼睛直勾勾地盯着父亲。

妻子司马道福虽贵为公主，可在历史的长河里也只是千万浪花中的一朵，她灿烂般消失在自我编织的爱情里，在王献之死后没多久，追寻子敬而去，留下了独女王神爱。王神爱成长到十三岁时被司马德宗纳为妃，义熙八年崩于徽音殿，时年二十九，谥曰安僖皇后，葬休平陵。

王献之终生无子，即使是小妾桃叶、桃根也都没有为他留下子嗣，或许是不想这份悲伤传递到下一代孩子身上，或许真的是没有这段纳妾的故事。总之，王献之除了过继哥哥王徽之的孩子王靖之外，一生匆匆而逝，犹如天边的流星，灿烂夺目。

有人说，人的一辈子会死三次，第一次是心脏停止跳动的那一刻，第二次是世上最后一个人忘记你的时候，第三次是你最后的一点痕迹被抹去的时候。

从这点来说，王羲之和他的孩子们都在我们的世界里，不像流星一闪而过。他们的经历，他们追求书艺的心，他们的书法字体流传于世。他们是永存的。

第十八章

# 后世子孙的昙花一现

# 一、凋零的兰亭之子

琅琊王氏中自王羲之独立门户至王献之去世，七子命运各不相同。在王献之死后，他的几个哥哥之中，王肃之的事历史上不可考证。王凝之当时在江州刺史任上，不能归丧。王操之时任尚书，在建康，参加了王献之的葬礼。王徽之也在患病，本已离开建康，王献之病逝后又折返，回家月余也伤心离世。王肃之本人史上无记载，应该是在永和九年之后病逝。同命相连的王涣之也是在兰亭集会后染病亡故。

隆安三年，东晋孙恩在东南沿海起义，除王凝之几乎满门被杀以外，王羲之其他子嗣，即使逃过了生死劫，也是从此衰弱下去，或无子，或病逝。到南朝时代，落户在建康的王导、王彬的后裔子孙们，仍然积极活跃在各个朝代的政坛上，仍然有不错的官职，位列尚书之职的大有人在。而王羲之这一支则已默默无闻，史籍缺载，在政坛上衰弱下去。回顾老祖宗的遗训，琅琊王氏大多不敢逾越祖训，但是林子大了什么鸟都有，王氏仍有王敦之流，称霸不成反而害了性命。王羲之这一支虽然在官位上走得并不顺利，但是在兄弟和睦方面都是相互照料，并未有相亲相杀的惨剧。即使是笃信道教、走火入魔的王凝之在世时也是极力维护弟弟们的名声。

王羲之家族惊艳了东晋的开端，又以凝之灭门结束。

王羲之的这一家子犹如深夜里独自盛开的昙花，惊艳到这个半死不活的东晋王朝。这好比枯寂的沙漠中长出几朵多彩的花朵。

王献之除了羊欣无其他传人，王氏书法仿佛在王羲之、王献之之后继承无人。但是，艺术是薪火相承的，不会因家族的衰败而消亡或者湮灭。火苗就在人间流传，它悄无声息却又真实存在，即使桓温的小儿子桓玄称帝兵败后把珍藏的王羲之百卷书法字帖付之长江；南朝梁武帝收集二王的字帖七百六十多卷，在西魏大军围困江陵时，他潇洒地把二王的字帖全部付之一炬。王羲之的真迹越来越少，但还是不能阻挡人们喜欢他的字，喜欢他的人。民间百姓口口相传的是关于他的字、关于他为官的趣闻，人们还是会记起他有个儿子叫王献之，像他父亲一样出众。田间地头抽旱烟的大爷可能不识二王的王字，但绝不会没听说他的趣闻轶事。从皇帝到百姓，从文人墨客到将士，莫不喜欢他的潇洒飘逸，纵横千古的书艺气韵。

## 二、永禅师的逆袭之路

直到南朝梁、陈时期有个和尚出现，人们才发现王羲之后人中又有一位后起之秀，继承了先祖的遗志。原来王家的书艺并未彻底断绝。这位和尚就是智永。

智永，本名王法极，会稽山阴人。出家后，法号智永沿用下来，书圣王羲之七世孙，王徽之后代，号“永禅师”。

传说他将作为传家之宝的《兰亭集序》带到云门寺保存。寺庙上有一间书阁，智永禅师居阁上临书20年，留下不成学不出阁的誓言。智永在门前挖了一个深坑，将这些笔头掩埋其中，上砌坟冢，称之曰退笔冢。智永所使用的毛笔可更换笔头，相传这是东汉张芝发明的。此笔原名叫作“汉居延笔”。笔杆木质，整支笔杆劈为四爿，合成圆杆，笔头被夹入末端，外缠以细枲，表面涂漆固定，笔杆顶端用木帽束缚。这种结构，可在笔头用废后，拆开笔杆更换笔头，后世称之为退笔。

智永在临《兰亭集序》后自创“永字八法”，为后代楷书立下典范。并临王羲之所著《真草千字文》八百多份，广为分发，他应该是历史上最早普及草书教科书的人。而因为山下求书者众多，自己住处门槛几被踏穿，遂包以铁皮，人戏称“铁门槛”。而他的受业弟子虞世南、欧阳询，成为唐楷的开山之祖。在他们的影响下，书法艺术又开创了一个新的时代。

即使智永再立王羲之之标杆，但属于他们的时代已经远去，世间再无王羲之的飘若惊龙，王徽之的放荡不羁，王献之的才骨柔情，这一切都是一去不复返了。

一段人生一个时代，尽管王羲之晚年追求荒唐的炼丹生涯，王徽之漂流在孤舟上似乎永远不用回家，王献之追悔莫及的爱情，但是他们都是用最真的心、最热烈的情趣活各自的人生，书艺即是人生，王徽之前半生拿笔写字不过瘾，后半生隐居把自己当作一杆笔活出自己的淋漓尽致。

谁人都会感叹：

追云踏月调素琴，悲风长调难为情。

兰亭水流已远去，世上再无逸少君。

我们今日回顾王羲之家族，最好的感叹还是要用王羲之自己的话作为结尾：

每览昔人兴感之由，若合一契，未尝不临文嗟悼，不能喻之于怀。固知一死生为虚诞，齐彭殇为妄作，后之视今，亦犹今之视昔，悲夫！故列叙时人，录其所述，虽世殊事异，所以兴怀，其致一也。后之览者，亦将有感于斯文。

# 后记：书艺真谛

林语堂先生曾在《苏东坡传》中直言：艺术所有的问题，都是节奏的问题。不管是绘画、雕刻，还是音乐，只要是美的运动，每种艺术形式就有隐含的节奏。

艺术的线条在书法家手中变得或肥或瘦，或静或走，形态万千，妙趣横生，最狂放的草书仿佛是后现代的西方立体化画风，让人看得血脉偾张，灵魂和身体一起舞动。他们是怎样表现这种美的呢?

不过，古人书法并不像现代人由左向右书写，而是自上而下，由右向左书写。

这原因不难猜出，中国古人最早将汉字记录在甲骨上或在钟鼎上刻画出来，后来人们发明了竹简，竖的竹简再用绳子编册起来构成书籍。自右向左、自上而下的书写传统保持了几千年。由于古人在竹简上书写，左手负责将竹简打开，右手执笔书写。纸张出现后，那时的纸张大多用破旧的渔网做底，所以还是保持着卷曲的状态，人们也还是保留着从右往左打开的习惯。

最重要的时期是章草的出现。隶书字字独立，章草以快速的简略笔画草写，大大提高了写字的速度，因此章草上升为一种特定的书体。东汉时期，文字在张芝的手中变隶草为今草的雏形，隶草由字字独立变字字相连，张芝将字的大小，俯、仰、欹、正、开、合全部赋予自己的特色，甚至首创字的末笔在最后可以一笔直达纸张的最下端，更是气象万千。在张芝手中，书艺开书法怀抱大雅情趣之门。后世学张芝又别开一门的是王羲之的七子王献之。情感的挫折让他无从释放，唯有诉诸笔端。王羲之冠绝古今的最大成就不是裁剪古今字体化为己用，而是将人活一口气的气韵用书艺上的气韵来表现。观王羲之字帖，你会感觉到字是会呼吸的，似江南的烟雨，湿漉漉的，扑面而来，道将一气化三清，字也是如此。

“二王”最大的不同在于用笔的内擫外拓，这是二人性情和际遇的不同。王羲之可以说是一位笃信天师道的士大夫，王献之则是士大夫中的道家子；王羲之在朝廷没做的官他儿子都做了，王献之在情感世界里将父亲没遭遇的挫折全经历了。“二王”对于书法，一位将生韵带入书法，让人观之可以共呼吸，感同身受；一位执着地以吾手书吾心，将自己说不清道不明的情感投射到书艺上。观王献之的字帖，除了楷书《洛神赋》是他克制着自己的悲伤和回忆，一点点雕琢出来的以外，其他的几乎是要把人世间的爱恨情仇全部用一笔写完，缠绕纠葛相连不断。能表达穷尽吗？你从王献之的《相过帖》中看一番：

相过终无复日，凄切在心，未尝暂掇。一日临坐，目想胜风。但有感恸，当复如何？常谓人之相得，古今洞尽此处，殆无恨于怀。但痛神理与此而穷耳。尽此感深，殆无冥处。常恨！况相遇之难，而乖其所同。省告，不觉泪流既已往矣，亦复何言。献之白。

长情乃不过分离，别离斩不断牵绊，相约难相见。王献之与郗道茂只能隔空诉说着彼此的思念。套用古龙的一句话就是，王献之用笔得到了一切，连不该有的他都有了，那就是寂寞。最后的归去总是最寂寞，最后的有情变无情，最夺人心魄。

自晋后，魏晋气韵仿佛被几百年的战乱消磨殆尽，隋唐盛世，开辟进士科，终于打破了士族称霸朝政数百年的历史。庶族寒门子弟苦读诗书，书艺入唐，尚法度的严谨让士大夫走上儒家定国安邦的规矩生活，晋风流之韵早就在历史的战火中灰飞烟灭。

最好的书艺学习历程莫不是向先人看齐，墨池也好，十八缸水也罢，这都是成学的法门。人生最重要的是一种态度一段经历，一处悸动一处相思，没有真实生活感受的无病呻吟是没有灵魂的书。

唯有孤独相伴，便不寂寞！